泉城文庫

濟南出版社

傳世典籍叢書

〔清〕馬大相／撰

靈岩志

圖書在版編目（CIP）數據

靈岩志 /（清）馬大相撰. -- 濟南：濟南出版社，2024. 7. --（傳世典籍叢書）. -- ISBN 978-7-5488-6587-2

Ⅰ. K928.75

中國國家版本館 CIP 數據核字第 20247MW017 號

靈岩志

LINGYAN ZHI

〔清〕馬大相 / 撰

出 版 人　謝金嶺
出版統籌　葛　生　張君亮
責任編輯　趙志堅　李文文
裝幀設計　戴梅海

出版發行　濟南出版社
地　　址　濟南市二環南路一號（250002）
總 編 室　0531-86131715
印　　刷　山東黄氏印務有限公司
版　　次　2024 年 7 月第 1 版
印　　次　2024 年 7 月第 1 次印刷
開　　本　160mm × 230mm　16 開
印　　張　25.5
書　　號　ISBN 978-7-5488-6587-2
定　　價　132.00 元（全二册）

如有印裝質量問題 請與出版社出版部聯繫調换
電話：0531-86131736

《靈岩志》出版説明

爲深入學習貫徹黨的二十大精神，認真落實習近平總書記關于推動中華優秀傳統文化創造性轉化、創新性發展的重要指示要求，貫徹落實濟南市委『强省會』戰略及全面提升城市軟實力、推動文化『兩創』工作的要求，濟南出版社推出濟南文脉整理與研究工程《泉城文庫》。《傳世典籍叢書》是《泉城文庫》之一種，包含歷史上有重大影響力的濟南先賢著述以及其他地區人士撰寫的有關濟南的重要著作，有着較高的學術研究價值，對我們傳承傳統文化、樹立文化自信具有重要的意義。

《靈岩志》六卷，清馬大相、王昕等纂，劉瑶繪圖，清康熙刻本。馬大相，字左丞，定陶人，康熙十五年歲貢，四十五年任長清訓導。王昕，長清人。此書爲靈岩寺之專志。寺在長清境内方山之下，乃泰山西北麓之一岩也。魏孝明帝正光初，法定禪師先建寺于方山之陰，曰神寶；後建寺于方山之陽，曰靈岩。群山環抱，景色幽絶，爲海内四大名刹之首。明人王世貞云：「靈岩是泰山背最幽勝處，我輩登泰山而不至靈岩，不成游也。」（語載是志卷六《述聞》。）是書卷一圖，卷二封域志、建置志、古迹志，卷三至卷五藝文志，卷六雜述志，并附《鄰山勝境遲賢亭説》《婁景洞説》《佛公店靈岩下院説》等。前有康熙三十五年山東鹽法道副使銀城李興祖序，備述其欲修志而未竟其事之始末。蓋靈岩舊有《志》，明季被火焚毁，新志刻逾半而未竟；興祖欲續成之，以諸事叢雜，未竟厥志；後經長清訓導馬大相編輯，邑人王昕及其子資善、敦善等采輯校刻而成。卷一有劉瑶繪圖十二幅，該卷末其跋云：「甲子孟夏，余寓清邑李明府署中。時方繪地輿圖，從明府遍歷治内名山巨川，首至兹寺。登絶頂，溯清流，游目騁懷，致足樂也。因援筆應命。」則諸圖繪于康熙二十三年，又在成書之前也。

濟南出版社

二〇二四年七月

目録

序

泰岱之麓綿亘數百里奧室精藍所在都有其西北隅煙雲迤邐結成紺宇者爲靈巖相傳竺法師朗公卓錫處余自癸酉春三月遊岱嶽歸一至焉愛其林

壑幽邃香泉白雲出沒松濤竹色間訪胡公石之奇觀鐵袈裟之幻唐碑宋碣林立摩挲久之不能去亟向山僧借志書一觀舊志毀於兵燹新志刻逾半未竟手爲披閱覺敘次稍冗蔓因

思司鹾間署也無守土責倘籌
領偶暇另爲編輯付剞劂以供
遊人把玩亦成韻事遂携之歸
是年冬適臥病浹旬嗣後屢奉
憲檄捕蝗有令緝奸有遣以及
攝署臬篆采辦軍需數年來疲

形勞神寢食都廢即欲再命巾車續攬茲山之勝已杳不可得又何暇啓篋衍發舊編一寓目乎余既未得竟厥志山僧又索之迫仍檢原稿歸之夫寺之興廢由於地之盛衰金碧琳宫化

爲沙礫樵夫牧豎之所蹂躪鼪
鼯猿狖之所嘯聚而悲吟古來
名剎沉淪湮滅者曷可勝紀乃
玆山之寺始於晉盛於唐歷宋
元明至
國朝千百餘年不廢游人車馬雜

沓吟咏聯翩者數代如一日也豈非山川有以勃其靈而金僊默爲佑助歟是烏可以無志茲編雖微嫌冗蔓然志沿革志建置志名勝古蹟碑銘詩賦古文辭令閱者爽然心目得以搜奇

抉奥一吐胸中所有亦足傳矣
獨怪余纂輯未竟厥志山靈有
知應笑余爲善不卒而踵事增
華者之難其人又未嘗不歎余
頻年多事浮湛軟紅閒情墨塵
封勞勞且未有定爲可惜也

旨

康熙丙子夏五端陽後一日銀

城李興祖愼齋氏題於歷下

之鹺署

凡例六則

一山左名勝泰岱固爲五嶽之宗靈巖亦占四絶之首皆大觀也舊有岱史巖志二書明季被兵火焚毀岱史重刻巖志獨缺藝文散失芳躅泯滅殊非

盛世所宜是故不揣愚陋謹按舊志詳加考訂錄舊增新校正成書以表章前賢遺韻抑以爲山靈重開生面也

一舊志止載藝文餘槩畧而不道然靈巖名重天下非他剎可比其封域建置古蹟人物雜述諸則皆

宜採入今志一圖六綱二十四目諸凡勝槩披卷

瞭然

一姑蘇鴈宕西安諸處皆有以靈巖名寺者舊志所載唐人詩如館娃宮畔山頭望海鴈塔龍池鄠路秦川之句乃題彼寺之詩與茲寺無涉今盡删之惟志其實耳

一寺碑林立多爲塾師俚筆山僧杜撰荒唐難以取信者槪不收入恐其魚目混珠也

一藝文所志寧嚴毋濫凡世代莫考詩章太陋者不

敢概録防厭觀也

一兹刻志板貯於本寺公所專僧監守凡遐遠近遊人願得書者便於就寺印刷以廣其傳

靈巖志目錄

卷之一

卷之二

藝文志三

明詩

卷之五

藝文志四

國朝詩

雜述志

災祥　辨疑　紀變　述聞

鄰山勝境附

遲賢亭　婁景洞　佛公井

靈巖志卷之一

圖引

圖與書相表裏者也開卷瞭然可知大槩舊圖十二景佛宇過半嫌其香煙太濃今但於奇峰秀壑清泉白石天然最韻者標為八景并二古蹟餘悉刪去總圖仍舊焉

靈巖總圖

卷之一

二

卷之一
二

盬㙨戰志圖

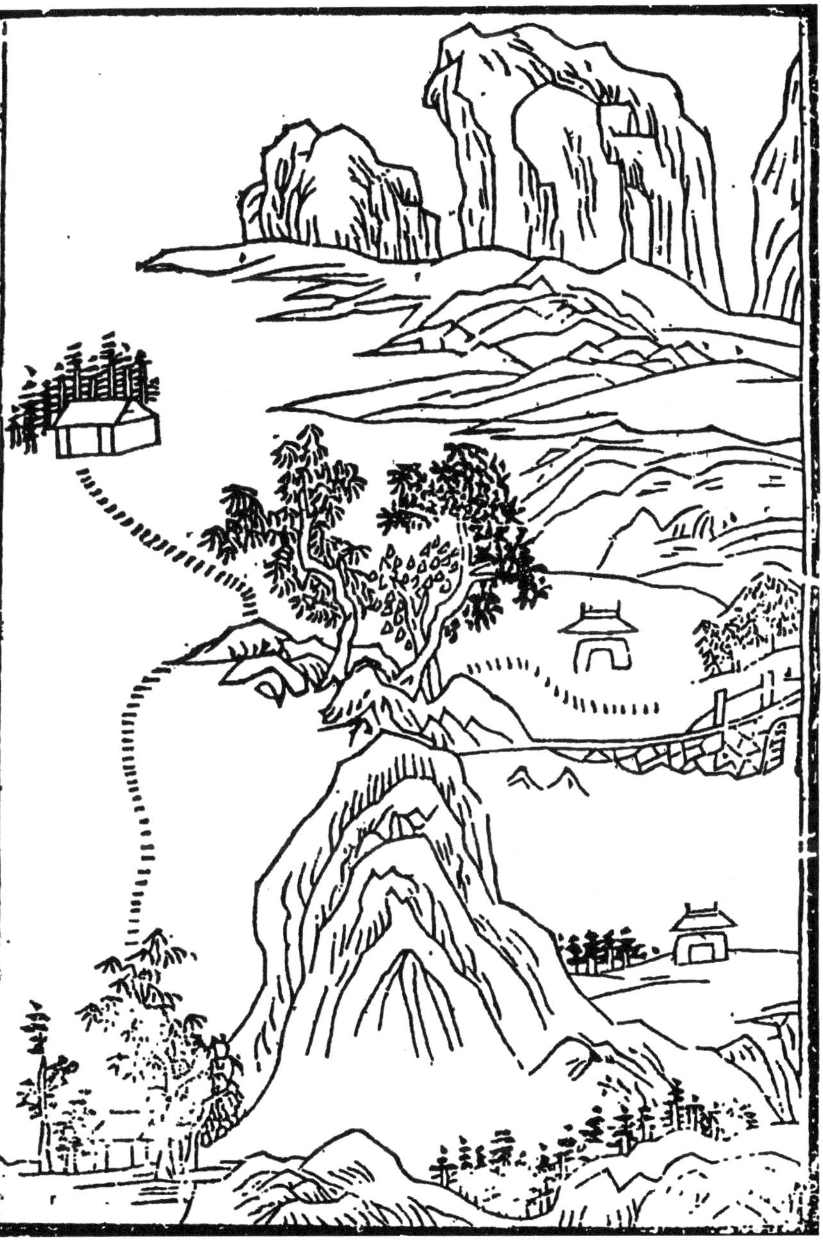

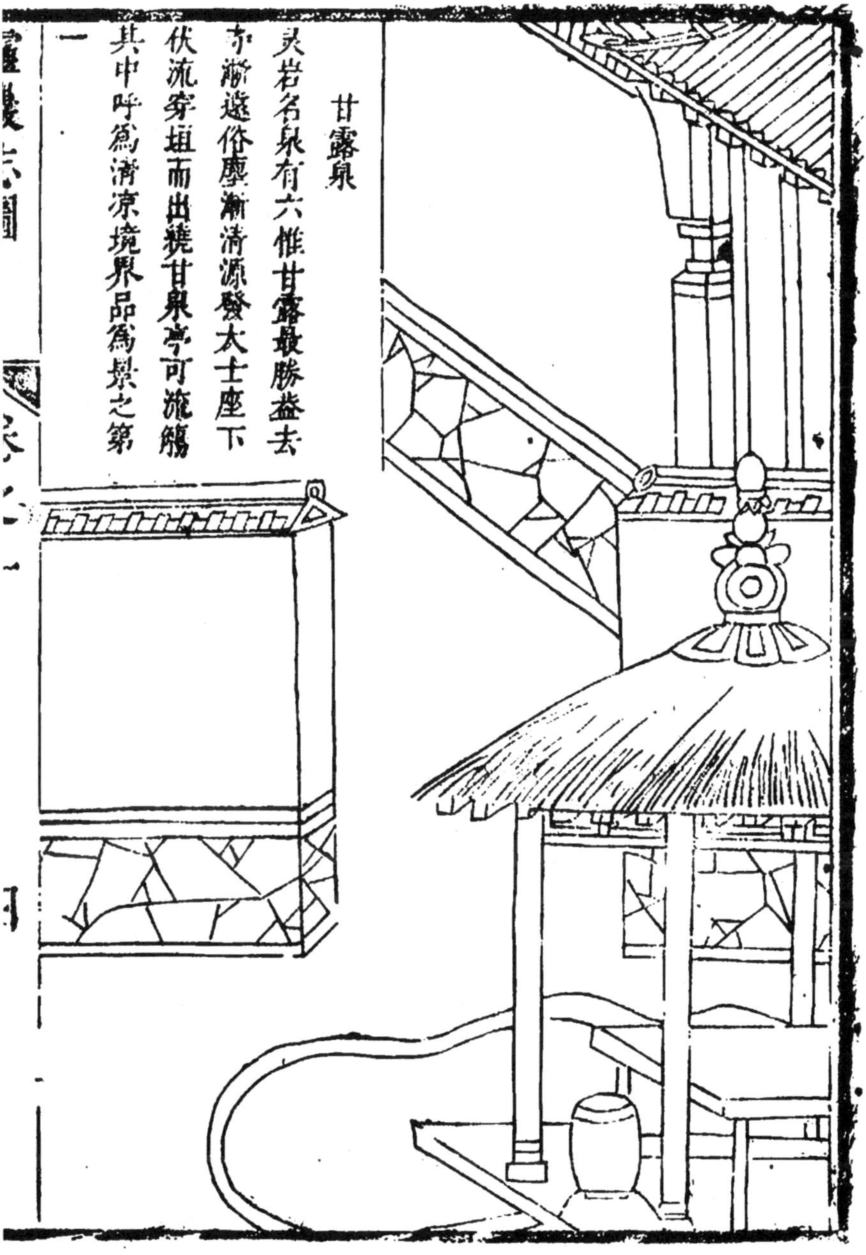
甘露泉
靈岩名泉有六惟甘露最勝益去
市漸遠俗塵漸清源發太士座下
伏流穿垣而出繞甘泉亭可流觴
其中呼爲清涼境界品爲泉之第
一

朗公石

石類老僧傴立之狀在昔朗公石畔說法聽者千有餘人共見石為點頭衆以告公公曰山靈也無足怪靈巖之名蓋始于此

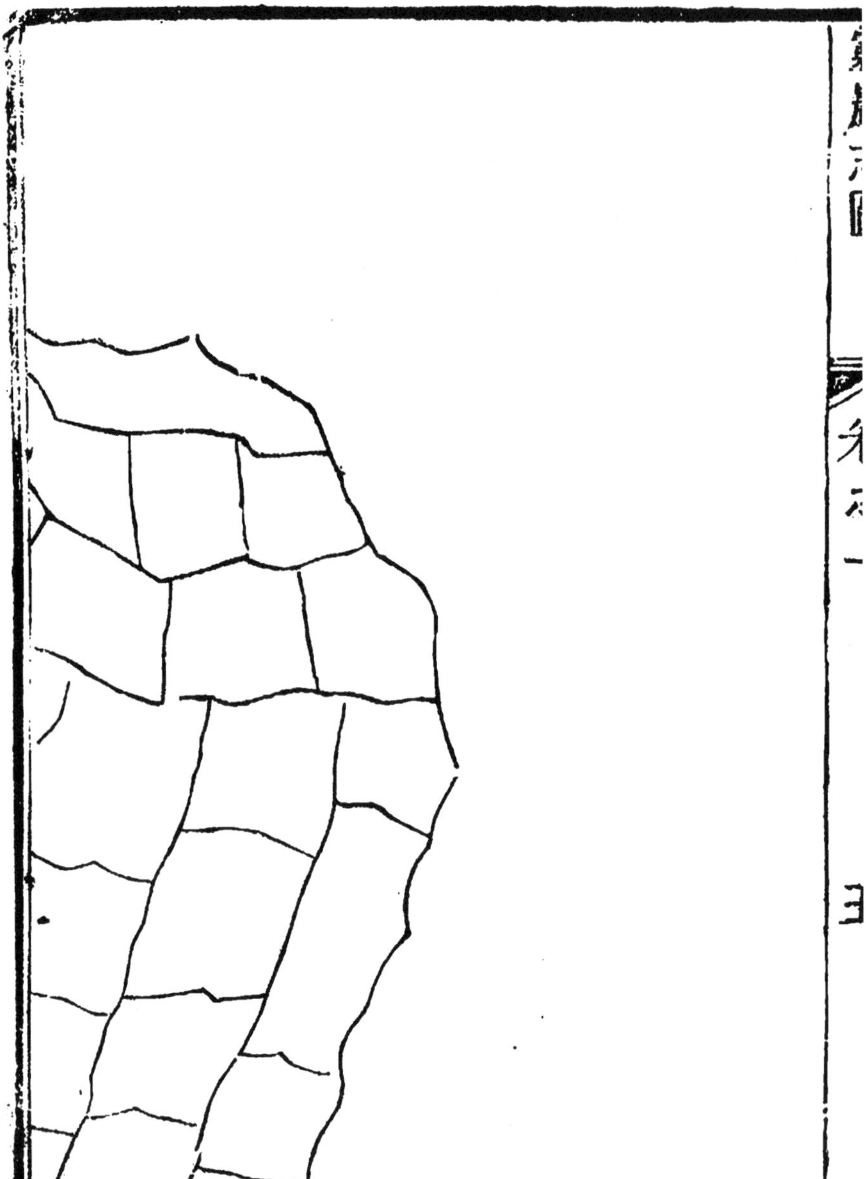

鐵袈裟

世傳定公建寺時有鐵自地湧出高可五六尺疊可數千斤天然水田紋與袈裟無異故名

巢鶴岩

茲寺泉石秀麗固甲海右但松嵐四塞不能遠眺於遊人之豪懷弗暢耳斯岩高可千仞三面斗絕登則躡雲而上眼界頗寬四時皆佳惟秋尤勝烟樹雲山黃花紅葉鳥鳴谷應心曠神怡覺得別是乾坤

靈巖志圖　卷之一　十

靈巖志圖 卷之一

絕景亭

亭爲欽公創建所謂絕景
有四曰群峰獻秀曰甘泉
漱玉曰松舟挺翠曰岩花
啼鳥今則亭雖兢把而景
尚依然來遊者必選勝於
此愛其景之絕也

靈巖志圖

卷之

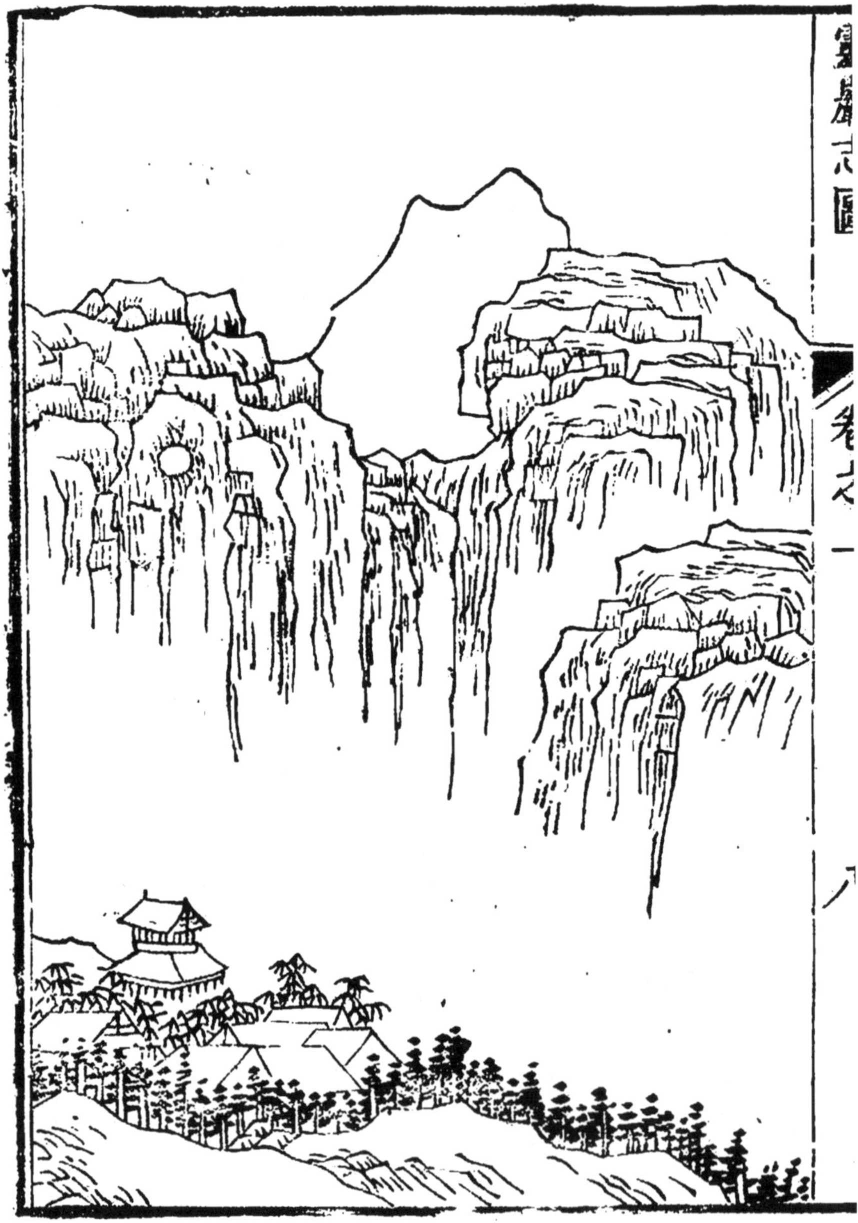

明孔山

山居崇典橋正南近上一孔大如車輪南北相通當午能透日色亦山之奇特者也

凌霄峰

爲長公醉遊之黄茅岡正西一峰特聳峙凌霄儼宛若擎天玉柱然眞奇觀也

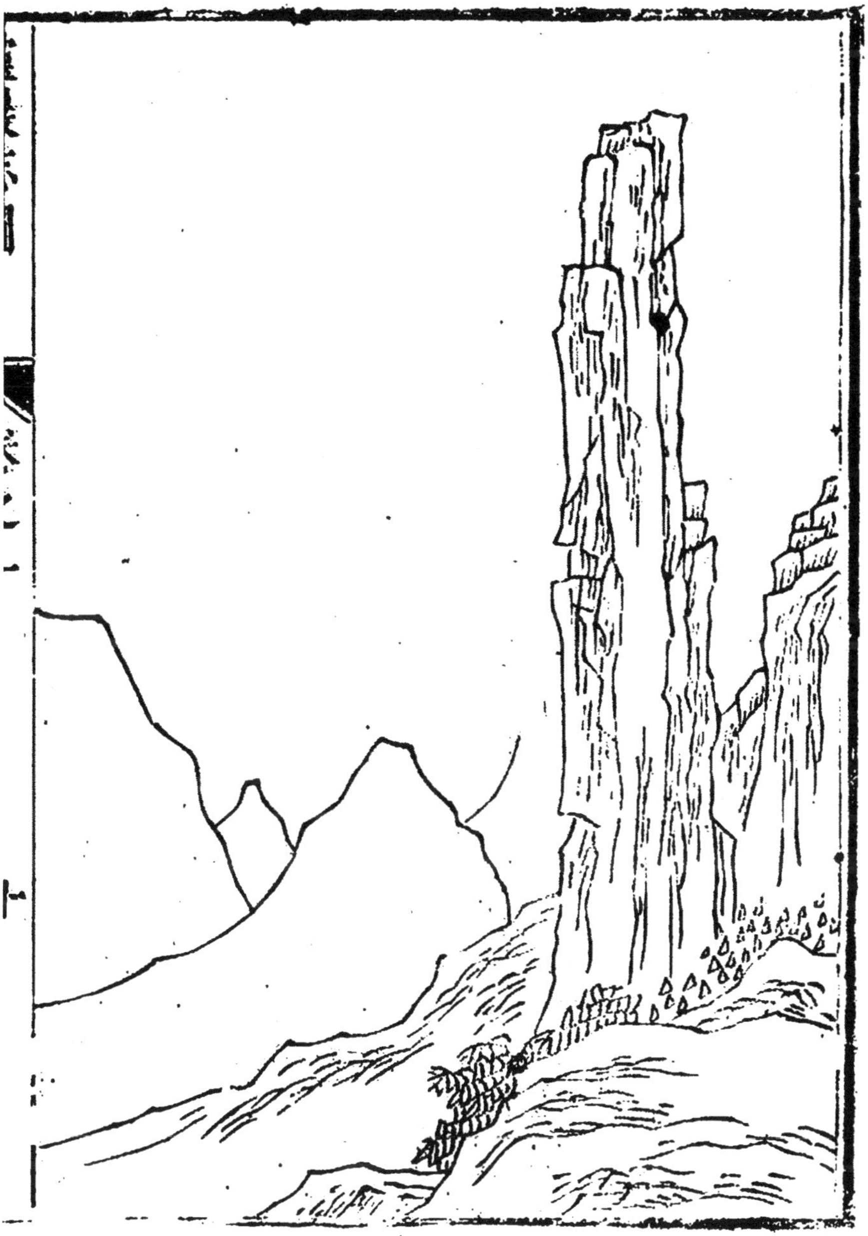

滴水崖

崖最幽僻遊跡罕到上臨削壁下接清溪，狀如抱廈石潤水滴淋滴如雨而泠泠之聲堪清俗耳兼之鳥

詠花齋清韻
處人

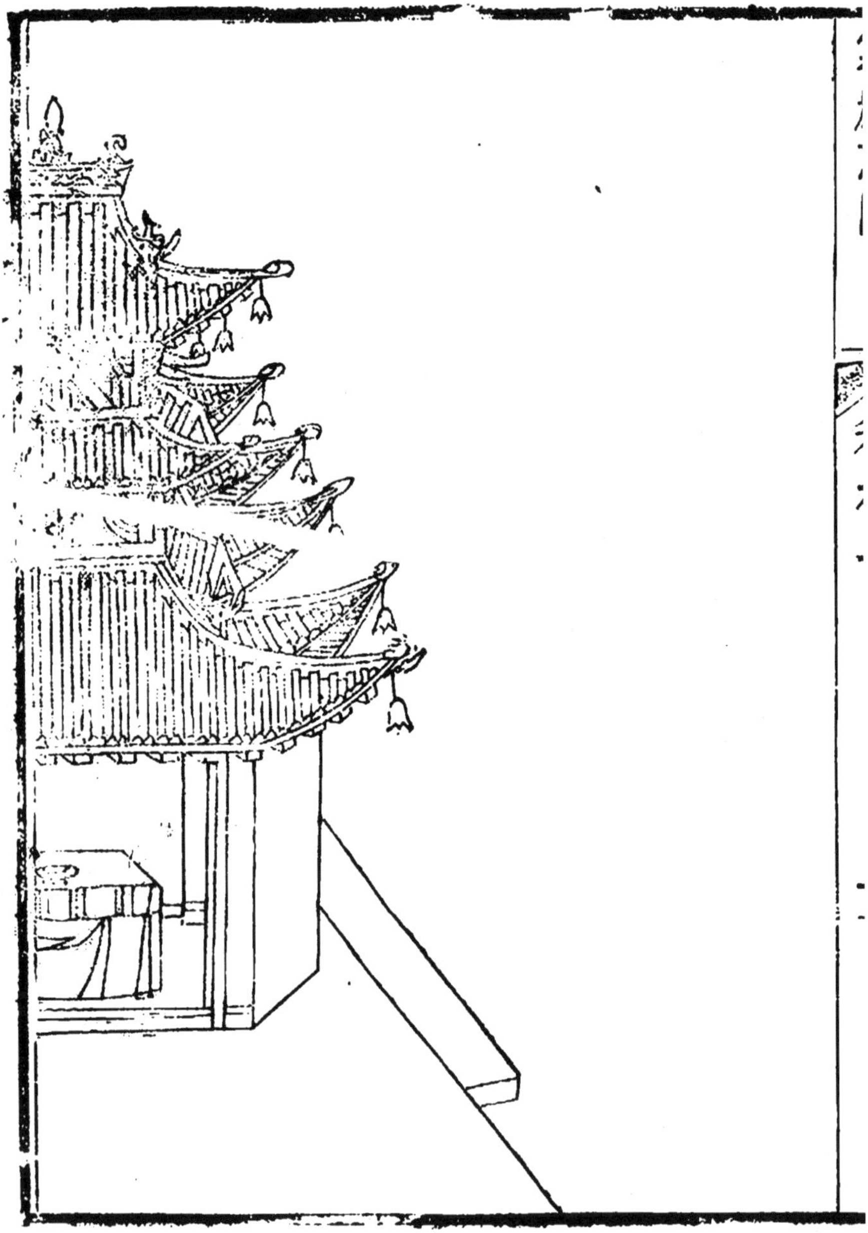

五花殿

殿爲宋嘉祐中瓊環長老所建架閣兩層龜首四出俱極精工前人稱爲天下第一但歲月既深風雨摧殘不無今昔之感因繪圖以志古蹟使異日有所考據云

盝麗志圖　卷之一　十一

摩頂松

大可數圍內空外皴老幹盡枯而孫枝愈盛翠色如滴蒼古可愛數千年物也

甲子孟夏余寓濟邑李明府署中時方繪地輿圖
從明府遍歷治內名山巨川首至茲寺登絕頂遡
清流遊目騁懷致足樂也因援筆應命

慈谿劉瑺卞公甫謹識

靈巖志卷之二

封域志

或曰靈巖一寺耳何必志封域哉不知靈巖有寺田三十五頃四境各有前朝勅立界牌至今不毀以供香火之需尺地寸土莫非
王封況如許之多耶但浴華名號古今不一故採討勝槩作封域志

浴華

靈巖寺在方山下即水經玉符山乃泰山西北麓之

一巖也符秦時改名崑崙山金輿谷蓋重其人而神
其地也時朗公住此說法屬泰山郡山茌縣元魏太武帝
太平眞君七年詔誅天下沙門毀佛寺華崑崙金輿
之名仍名曰方山至今因之
元魏孝明帝正光初法定禪師先建寺于方山之陰
曰神寶後建寺于方山之陽曰靈巖唐武德初寺屬
齊州濟南郡山茌縣天寶元年改山茌縣曰豐齊縣
元和十五年自豐齊入長清此寺屬長清縣之始宋
屬京東東路濟南府長清縣眞宗景德中改名曰勅

賜景德靈巖禪寺後仍去景德字復名靈巖禪寺英宗治平中升齊州曰興德軍濟南府省仍京東東路縣仍長清寺仍靈巖金屬山東東路濟南府長清縣元初屬山東東西道濟南府長清縣至元中縣改隸泰安州明屬山東濟南府長清縣憲宗成化四年改名曰勑賜崇善禪寺世宗嘉靖中賜勑仍名曰靈巖寺至今因之

疆界

按金明昌中明成化萬曆中皆見有勑立碑記可考

寺界東至棋子嶺南至明孔山西至鷄鳴山北至神寶寺寺境東西二十里南北十里西北至本縣九十里北至省城一百二十里南至泰安州九十里西至肥城縣六十里正東折而北由山川仄徑至省城止八十餘里但車騎不能行耳南至江南省會一千七百里北至

京師一千里

星野

春秋運斗樞曰虛危之精流爲青州分爲齊國女須

虛也玄枵危也

晉天文志曰濟南入危一度

唐太行山河兩界圖曰南紀之東河爲北河江爲南河北河下流南距泰山爲三齊南河下流北距泰山曰鄒魯皆負海之國貨殖之所阜也與山河首尾相連鄒嶧顛頊之墟其地爲南河之北北河之南界自岱宗至于東海齊乘云觀兩河之象與雲漢之所終始而分野可知已 寺居濟南

南境泰山北界入危一度之初

山川

方山 凡山之頂皆圓惟此山山頂方故名

獅山 即方山連左右一帶北山合而名之曰獅子山象其形似也

香山 在方山西南亦名繡毬山

朗公山 在寺東南亦名朗公寨在昔朗公于此說法故名

明孔山 在寺西南昔人遇亂曾此避兵頂有靈光亭亦佳境也今廢

珠山 寺前

靈山 在方山獅尾之南朗公寨之北峭拔穹窿秀冠羣山

象山 寺南形如臥象故名

鷄鳴山 寺西十里昔有羣盗夜過此山忽聞鷄鳴奔廻夜尚未半聚而復回又聞鷄鳴如是者三

方知爲山靈警覺皆同心向善故名鷄鳴山

黃峴山 在明孔山西

黃茅岡 在寺南五里許

老虎窩 一在明孔山西一在方山之北係傳定公開山時有二虎馱經之異

巢鶴巖 在證盟龕西南亦名蹲獅巖僧家呼爲亮經石亦有呼亮經臺者

朗公巖 一名朗公石在朗公山前

拂日巖 即夌霄峰在黃茅岡西又有名小西天者亦稱拂日巖在證盟龕西十餘步與方山之東靈山之北名東天門者相照應兩峰夾立如雄關狀

仙人巖 在銅鐘樓正東巖有石棚乃古仙人棲隱之處

快活巖　在寺南五里許南北往來者至此必一歇足故名曰快活巖

半室崖　即可公床在大石棚西

滴水崖　在寺西南四五里水自懸崖滴滴亂灑如雨下滙成溪西流而去又西南上可里許名曰水屋泉水盈中出注石泡溢而北下皆佳境也

虎溪　在山門內在昔高僧卓錫送客不出山門至此溪而止效遠公廬山故事立橋溪上扁曰虎溪其水西下即飲馬溝

北溪　寺內諸泉之水合入此溪由飲馬溝西流

南溪　東南一帶山川野泉之水合入此溪長流而西

大溪　南北二溪及諸壑之水至大石橋西南繞入此溪西流十五里入長清之北沙河折北宛曲而

流百餘里入大清河即濟水故道東北入于海

甘露泉 在寺東北里許源發大士座下伏流穿垣而出繞甘泉亭下石池委虵而去

卓錫泉 亦名錫杖泉世傳爲佛圖澄錫杖卓出者故名流二三四步入大石池內今寺皆汲于此名曰鏡池亦曰功德池

白鶴泉 亦名雙鶴泉二泉相並在卓錫泉東十餘步

獨孤泉 在轉輪藏東路南昔有隱者姓獨孤結茅泉側後人以姓名泉也明萬曆中劉公嶽退休林下于此搆面壁齋悪獨孤之名改名曰印泉

石龜泉 在鐵袈裟迤東泉由石龜腹而出

黄龍泉 亦名黄龍池在寺西南里許

臥象泉　在黃龍泉西南數十步

上方泉　在證盟龕西北十餘步亦名虎跑泉其泉津竇甚微僅足煎茶供佛待客耳

華巖泉　在華巖寺南百步餘

朗公泉　在朗公寨發源南下清淙最佳但遊人罕至耳

神寶泉　在神寶寺西山石間近小寺莊鑿井不能得水土民于泉源鑿池蓄水遇秋泉旺則溢出成溪

觀彩泉　在寺東二里許野徑幽壑之內流入寺中由虎溪橋下西流而去

野泉　寺境出泉甚多其無名者均以野泉呼之

麻衣洞　在雞鳴山南里許乃宋麻衣先生李堅棲隱處

白雲洞在大石棚西

觀音洞在巢鶴巖南崖下內有佛像三門相通架木爲棧而進今木朽惟望見之矣

魯班洞在辟支塔南初開山僧剛公墓也

黑雲洞在巢鶴巖泉崖下

函雲洞在面壁齋即獨孤泉發源處

朝元洞在寺之西北山中

田產

贍寺地三十五頃

隋唐以前無碑可考宋免差徭止納稅糧金元

明皆奉青糧徭全免至今不税其籽粒以供本寺香燭之需至于土産寺屬長淸縣境内其五穀蔬果花木禽畜之類詳見邑乘兹惟志其一二異于他産者

花椒 表赤裏白其味淸香醫家用之以代川椒寺境之外則表赤裏黄其味辛烈爲常椒矣

白果 較之他産大而味佳

栢 兹寺檜栢瀰山其木心大而色赤味香寺境之外則不類矣

檀 大者數圍蘿纏虬屈奇怪可愛而鐵裂皮皴前崖下根蟠石隙者尤堪入畫

上水石 産于滴水崖前

風俗

靈巖脉絡岱宗山明水秀地靈人傑理固然也代出高僧一心悟道纖塵不染無故不輕出山門終身不一入城市居則蕭閒默坐風旛不礙蠲其心行則藜杖優游威武不能屈其節名重朝野賜紫賜號者不一其人而法派皆彬彬然有釋氏之風焉其尤可重者闔寺皆無密室長老不設門禁戒德清高以防物議又高出尋常叢林萬萬者也在昔皆然今則鮮矣茲寺士夫登臨覽勝者時至香客齋僧建醮者雲集

亦與他刹有異頭等僧誦經誦呪禮佛祝釐專心于戒律無爭于人情是爲戒僧二等僧習成隨時經卷演就管鈸樂章呼爲高工或與香客拜懺建醮或與士民薦拔誦經亦能謹慎葷酒不失僧家局面是爲應付僧三等僧開設店房安下香客呼爲門頭將本圖利雖非西來面目殷勤應世亦屬本分生涯是爲接待僧靈巖僧流三等由唐宋而下其來遠矣慨自寇亂之後主教者不得其人戒規盡弛龍斷相持蝙角生而風俗頹矣若有人欽和尚其人者出必能一

變而復昔日之宗風也

建置志

靈巖名肇于晉知于苻秦興于元魏盛于唐宋金元至明猶盛于萬曆以前而衰于天啓以後際

國朝漸生色矣其始末經營不可不知也作建置志

殿閣

考諸碑記在昔希有如來居此證道巖棲露止未有室廬石趙時神僧佛圖澄亦曾來此一遊未嘗久留苻秦時與中竺僧朗卜居于此始建精舍數十區元魏太武用崔浩言誅天下沙門

毀佛寺時前之精舍鞠爲茂草矣至孝明帝正光初法定禪師始建寺爲開山第一祖原建之寺在今寺東北甘露泉正西唐貞觀初三藏和尚陳玄奘曾在此譯經故惠崇長老改遷今寺宋景祐中瓊環長老更拓廣之殿閣廊廡愈宏壯矣

千佛殿唐宋時名大雄寶殿爲寺之大殿也明萬曆中德王重修

五花殿在彌勒殿南摩頂松左宋嘉祐中瓊環長老創建架閣兩層龜首四出備極壯麗亦名靈巖閣明正統五年至琛長老重修

獻殿爲禮拜五花殿之前殿也明正德中魯王捐貲塑大佛像三尊于內而五花殿反爲所障竟以此殿稱靈巖之大殿矣

金剛殿即山門

天王殿即二門

伽藍殿在山門外路東

般舟殿在千佛殿北法僧祖居遷修有記見藝文志

彌勒殿在五花殿後乃歷代講堂舊華也僧人明然改建

韋馱殿在獻殿東國初寺僧超然重建

龍王廟在卓錫泉南

御書閣　在彌勒殿北崖上唐貞觀三年陳玄奘譯經于此太宗賜以手勑因建此閣至宋太宗真宗仁宗徽宗皆賜有御書奉于閣上金貞祐中寺遭兵燹御書盡毀惟空閣存焉明萬曆中寺僧塑大悲菩薩像于內崇禎中改塑玉皇像皆失其名閣之意矣

藏經殿　在千佛殿西

轉輪藏　卽梵王宮在獻殿東南路北明嘉靖中德王重修

孔雀殿　在轉輪藏後

白衣殿　在轉輪藏路南

維摩庵　在白衣殿東卽面壁齋

接引佛殿　卽西方境在維摩庵東南崖上

思議佛殿在山門外南崖上

藥師王佛殿在思議殿西

五祖母殿在伽藍殿後東崖上即香燈菩薩今廢

十王殿在五花殿西

將軍堂在大石橋西雙槐樹東今廢

監齋殿在五花殿東

常住大禪堂在千佛殿前路西

臥佛堂在塔北崖上頗幽雅不亞甘泉之勝

松風閣即臥佛堂前小閣也守道王公紀遊此愛之題曰松風閣

后土殿在御書閣東

祖師殿亦名定公堂在后土殿東今廢

達磨殿即袈裟殿在祖師殿東北崖上

出山像觀音殿亦名五氣朝元殿在達磨殿東

觀音殿在達磨殿正東去寺可里許乃甘露泉發源處清幽可愛自此則折而北上爲絕景亭再北上爲大石棚貼西爲可公床再西爲小石棚西北上則白雲洞向西由青壁仄徑至觀音堂折而東即

證盟功德龕內有釋迦佛大石像乃唐人所造者亦名功德頂

公署

察院 卽昔竹軒原默照堂前朝有屯院巡歷山東例不進省定側靈巖一案考察濟屬官吏今廢

守道公署 在定公堂北不知建自何朝但署中有元碑尚在蓋其來亦已遠矣

巡道公署 貼守道公署之西前朝部院臨寺則司道陪巡三司及學道或至或不至而守巡兩道乃必至者故昔設有公署今俱廢

甘泉亭 泉水自石罅中而出由小石溝遶亭北西流折南旋東入亭下石池內東出折南轉西洛溪流去其亭下之池覆以石卓圍以石墩凡遊靈巖遊勝者必以此爲最

絕景亭 僧家呼爲抱靈亭宋仁欽和尚建

靈光亭 在明孔山寨巖以靈巖諸景盡見于此故名今廢

超然亭 在御書閣北今廢

津梁

聚善橋在山門内三橋相連東曰虎溪橋西曰接引橋置寺時建明嘉靖中重修

新石橋橋下即飲馬溝明天啓中長老圓桂所建

小石橋在龜背石西乃寺僧迎客處

崇興橋即大石橋亦名崇福橋在寺西五里許宋大觀二年仁欽和尚所建功程最大今將六百年矣而依然堅固

村莊

劉李莊在鷄鳴山下雙槐樹南

第四峪莊在明孔山下崇興橋南

野老莊在東天門下華嚴寺北

小寺里在神寶寺西北界上

以上四莊皆隸寺爲僧家佃戶所居

人物志

龔巖山明水秀最足撩人隱士棲遲高僧卓錫代有巨蹟皆當志之以爲山林之光

隱逸

晉張忠字巨和中山人避永嘉之亂隱依龔與竺僧朗結林下交道義相孚清虛服氣餌石餐芝苻堅聞其賢徵至長安以野服見堅堅曰先生獨善之策有餘濟世之功未足今遠屈先生將以齊尚父期之忠對曰昔因喪亂避地泰山與鳥獸爲儔侶

尚父非敢擬也願還餘齒歸岱宗足矣堅賢之仍以安車送還道經華山下輒尸解而去謚曰安道先生見神仙傳其故居在寺東三里許今猶呼爲野老莊云

金陳壽愷濟南人自幼聰慧博學強記倚馬成文不求顯達徜徉自放及其老也遊靈巖愛泉石之勝遂卜居焉與雲公和尚解釋禪旨悉人精奧即戒垓老衲亦謝不敏三十年不出山壽九十有五

元杜仁傑字仲梁號止軒一號善夫長清人德行文章冠冕南北元世祖聞其賢與大臣議以翰林承

旨授公累徵不就乃優游于靈巖五峰兩名勝而
終焉武宗追謚曰文穆
明劉亮采號公嚴濟南才子也侏儒滑稽長詩詞善
繪畫調笑怒罵皆成文章中萬曆進士授戶部主
事不樂仕進退閒林下徜徉山水間愛靈巖泉石
最勝遂　僧家地搆面壁齋詩酒自放士大夫聞
風而造廬與遊者接踵焉

高麗志

卷之二

高僧

晉竺僧朗按高僧傳朗京兆人少而遊方問道長安專當講說嘗與數人赴請行至中途忽告同輩曰君等寺中衣物似有竊者如言即返果有盜焉朗蔬食布衣志耽人外以符秦皇始元年移卜泰山中與隱士張忠爲林下契每共遊處忠後爲苻堅所徵行至華陰而卒朗乃于金輿谷崑崙山中別立精舍猶是泰山西北之一巖也峰岫高險水石宏壯朗創築房室製窮山美內外屋宅數十餘區

聞風而造者百有餘人朗孜孜訓誘不倦秦主苻堅欽其德素遣使贈遺堅後沙汰衆僧乃别詔曰朗法師戒德氷霜學徒清秀崑崙一山不在搜例及姚秦興亦加歎重燕主慕容德欽朗名行給以二縣租稅其爲時君所敬重如此此谷中舊多虎災人常執杖結羣而行及朗居之猛獸道伏旅行夜往道逢無滯人皆咨嗟稱神凡有來詣朗者先期逆知人數多少使弟子爲具飲食必如言果至卒于山年八十有五又按神僧傳朗公和尚說法

泰山北巖下聽者千人石爲之點頭衆以告公曰此山靈也爲我解化他將涅槃當埋于此傳衣鉢者記取數百年後能使一切學人來觀仰焉此靈巖所本來也辟支塔南俗呼爲魯班洞者朗公墓也聽法點頭之石今猶在焉

元魏法定景城人聖僧也其二虎雙鶴青蛇白兎黄猿之異備見陳壽愷記中元魏正光元年來遊方山愛其泉石可建寶刹先于方山之陰建神寶寺後于方山之陽建靈巖寺是爲開山第一祖

唐陳玄奘三藏和尚貞觀初降錫靈巖譯諸經典今之御青閣及摩頂松遺蹟俱在也

惠崇貞觀中高僧也靈巖寺舊在甘露泉西崇移置于御書閣處規模宏壯與定公功相侔矣經營于貞觀中涅槃于天寶初壽近百歲葬于寺西高原墓塔尚在乃西序僧之第一祖也

宋重淨號瓊環景祐中重建五花殿頗極精麗嘉祐中復修于佛殿極其莊嚴前後功程費逾萬金皆公卿士庶所樂施者況常僧能如是乎

仁欽聞人精詩文書篆大觀初賜紫並賜號靜照大師宣選住持靈巖創建絕景亭以宴賓客重修崇興橋以通往來士大夫咸愛與之游焉

金寶公皇統中蔡國公完顏篤化叔疏請開堂演經掌教靈巖整飭戒律宗風大振

元福公長老元初蒙哥皇帝福蔭裏宣授都總統疏請住持靈巖開堂掌教自貞祐南遷之後戒壇事務幾于盡廢賴公主持戒壇整飭禪規焉

明普照長老濟寧人永樂三年卓錫靈巖時當兵火

之餘日夜拮据不憚勤苦整理殘剎恢復山林功莫大焉

至珎號古奇香河人住持靈巖任事練達功果頗多正統中賜紫內領大藏經典勅稱戒壇宗師命其護藏成化中賜勅陞右覺義仍主寺事且能文善詩士大夫多敬重之一日浴畢衵紫端坐合掌而寂壽九十有二爲重開山第一代祖

真可長老東吳人精戒善詩名重朝野萬曆初賜紫晉謁寺衆曰我輩旣入不二法門須要認定心印

是佛時時刻刻返光內照無愧于心便無愧于佛亦無愧于天人矣若恃此紫衣藐視同袍尚氣負得叫做阿鼻獄公案老僧不敢為也爾衆法眷亦要謹守五戒同修淨業勿犯禪規雖不能成佛作祖亦要求來去明白免遭惡趣至於賓客覽勝而來慎勿淡其遊與須效取遠公待淵明佛印待子瞻故事如此名勝之地我輩豈可獨擅哉遐邇聞之無不景仰後奉朝命賜號達觀大師

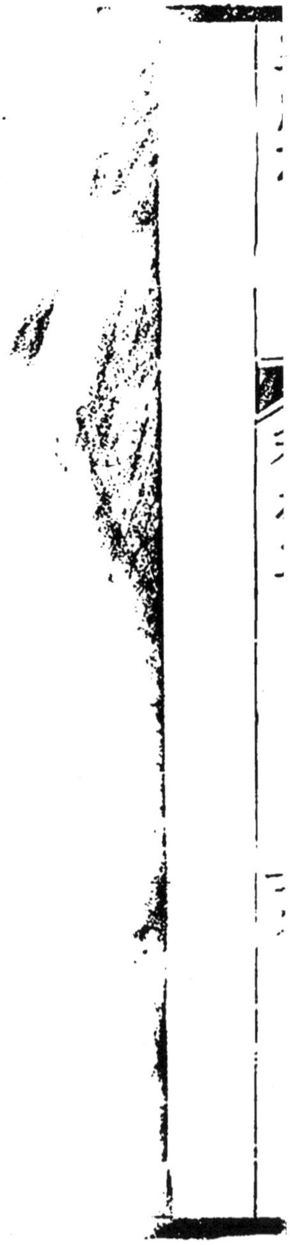

古蹟志

寒山一片石南北稱之銅雀一片瓦古今珍之茲寺有唐文皇之篆開元之碑宋王臨之飛白蔡卞之楷書校之寒山石銅雀瓦殆尤過焉兼諸勝槩表而出之可見茲山不忝四絶之名矣

石刻

唐太宗御篆　唐僧陳玄裝建閣尊奉御書于閣上貞觀三年太宗復賜御篆御書閣三大字爲閣額至今在焉

唐開元碑在寺西北五里許神寶廢寺右側荆棘中沙淤過半矣乃北海太守李邕之文但磨

滅不能讀耳

宋飛白字碑在崇興橋西路北碑陰乃尚書兵部郎中王臨所書靈巖道場四大字亦世不多見者但矣居道傍荆棘中埋沒已久邑侯遼陽李公見而愛之遠近士夫始有求搨之者益字之遇也

蔡京字在御書閣前左右計四葉乃宋人蔡京所書圖通經靈巖名筆固多皆爲石工所敗惟此字獨佳明嘉靖初學士方豪臨觀歎曰嗚呼豈可以人廢書乎

大觀碑在崇興橋西路北大觀二年仁欽長老重修此橋碑記字體頗倣蘭亭筆法但去寺遠未見知於人耳

靈巖觀音道場磨崖大書在證明龕貼西政和中張勵題

金鼇學士碑額篆 在獻殿前明昌六年翰林學士黨懷英篆

元大靈巖寺碑 在獻殿前至正初按察使文書訥書

明透靈碑 在五花殿東北嘉靖中南京工部左侍郎徐陟題

佛峪仙峰 在天王殿前

珠樹蓮臺 名山勝水 在五花殿後俱嘉靖中巡按御史沁州張鵬題

仙人巖 在銅鐵樓東嘉靖中隱士李檜書

靈巖大書碑 有二俱在瀰勒殿前一爲嘉靖中巡撫都御史天水胡纘宗書一爲萬曆初雲南副使盱江羅汝芳書

活水源頭 大書在甘露泉亭北嘉靖中巡撫都御史彭黯題

千崖　萬壑　二碑在山門外左右字大如輪嘉靖中參政通判張欽書

甘泉亭大書在亭東壁上

絕俗　持戒　大書在山門後左右俱隆慶中巡按御史李復初題公號對霍

東山奇勝碑在彌勒殿前隆慶中巡按御史劉翾題

雙鶴泉碑在泉左

象嶺　獅峰　二石俱在證明頂巳上俱隆慶中吏部尚書楊博題

別是乾坤在巢鶴巖盤石上字大如升深可寸許魯海春題

巢鶴　蹲獅巖　隸字俱在巢隺巖盤石上其字甚工亦大如升

更上在白雲洞最峻處

須上 近功德頂三四步

畱雲 拂日巖在小石棚西磨崖大書巳上俱萬曆中兗州太守石九奏題公號四如

靈山第一泉 在甘露泉字大如斗碑亦堅緻

名山石室 大書在大石棚內

靈山一派 在大石棚西

青壁萬尋 亦在大石棚西背磨崖大書巳上俱萬曆中巡按御史陶欽皐題公自號吾廬子

真境 大書在彌勒殿西壁外四明沈敏民題

獅峰 大書湯紹恩題獅峰字重出

龍巖 大書在袈裟殿西萬曆中聊城九歲童子傅爾庚書

達磨面壁碑 在面壁齋碑之前後背像面像各一萬曆中戸部主事劉亮采親筆

十里松 在飲馬溝北崖石壁上亦劉戸部書號稱印泉

最上 在大石棚西磨崖大書萬曆中布政司葉夢熊書

壁立萬仞 在青壁磨崖大書河東史學遷題不知何代何職

臥象泉 大書在泉側石上姓氏莫考

日觀近可攀

達蒙 兵在大石棚西磨崖大書年代姓氏皆磨泐不能辨矣

遺桀

靈巖寺舊址 在甘露泉西其形勝倚今寺處尤佳

神寶寺 在寺西北逾嶺三里許乃定公初建者後爲靈巖下院今廢

華嚴寺 在寺東逾嶺五里許世傳華嚴在前靈巖在後前朝爲靈巖下院今廢

鐵袈裟 在寺東北或云達磨自西域來面壁九年道成而去棄袈裟于此又云定公建寺時自地涌出者

辟支塔 唐天寶中建宋嘉祐中重修元又重修

慧崇塔 在寺西百餘步唐天寶中葬惠崇者

摩頂松 在五花殿右唐三藏和尚陳玄奘將往西域寺有小松以手摩其頂曰我西去求佛汝可

西長及去後枝果西指約長數尺一年其枝忽轉而東弟子曰吾師回矣迎之果還其樹至今猶存大可數圍內空外皴老幹盡枯孫枝獨茂翠色欲滴蒼古可愛真不老物也

漢栢 在五花殿北明萬曆中長清令王之士有紀碑在其下

飲馬溝 在山門外迤西宋徽宗幸靈巖寺御馬見溝中流水即勒驕嘶控者解鞍卸轡以飲于此馬方入水則見水中有一青蟒鼓鬣而遊識者以為馬之精神形現云

晉隱士故居 在寺東迤嶺五里許古幢一處名野老庄乃晉人張忠隱居處也

龜背石 寺西里許道傍一石狀如龜背故名僧徒接客者聚于此

無生地 袈裟殿北上百餘步有平坡淨地一方可二三畝世傳希有如來安禪禮佛處也佛家以無生為上乘靈巖松栢彌山獨此地不生樹木世語雖未必然但事亦異也

千歲檀

靈巖古檜最多其所雜擁皆千百年物世與圖畫惜乎變亂後摧作薪炙僅有存於峯梁殿前根蟠石際狀若遊龍者尚可觀焉

靈巖志卷之三

藝文志一

朗公說法肇啓靈巖迄今千三百有餘載焉帝主公卿高士文人來遊者衆矣第時移物換當日風流不可得而見也而翰墨之遺猶可彷彿羨墻嗟彼山僧知音者寡不獨書之紙上者惟付之糊窗粘壁即鐫之金石者亦不能無疊垣鋪階之毀良可歎惜隋唐以前不能考矣宋元以後尚可識也豈忍古人芳躅任其湮沒乎因從荒草亂石中搜求斷碑泐碣次序

集之以告知音庶可使文播久遠而山川生色也夫

勅詔

舊志不載似未盡善今錄數道增入藝文志首以表絲綸之美山林之盛

苻秦詔畧曰朗法師戒德氷霜學徒清秀崑崙一山不在搜例

苻秦敬重佛法師事道安高僧而惡庸髡甘露五年下詔沙汰天下沙門特重茲山故賜此別詔云云

金世宗詔畧曰推恩天下山澤以賜貧民任其樵者

薪之匠者材焉惟靈巖同五嶽留護靈脉不在賜
例採伐者仍治以罪　大定六年
元武宗詔畧曰宣諭長清縣有的靈巖寺住持的古
巖長老聖旨與了也這寺院裏房舍使臣休安下
者鋪馬祇應休拿者商稅地稅休與者寺院裏休
斷人者但屬寺院裏的田地水土不揀甚麼差發
休要者告　天祝壽者這和尚每無體例的勾當
休做者　大德十一年十月二十一日
元古存者尚有入道蓋蒙古風俗淳朴
言語不尚浮華大率相同特錄其一

明英宗勅曰朕體　天地保民之心恭成皇曾祖考之志刊布大藏經典頒賜天下用廣流傳茲以一藏安置山東濟南府長清縣靈巖禪寺永充供養聽所在僧官僧徒看誦讚揚上爲國家祝釐下與生民祈福務須敬奉守護不許縱容閑雜之人私借觀玩輕慢褻瀆致有損失如有違者必究治之

特諭　正統十年

明憲宗勅曰朕惟佛氏之教以空寂爲宗以普度爲心上以陰翊皇度下以勸善化俗功德所及無間

幽顯故崇奉之者亦無遠近間也山東濟南府長
清縣崇善禪寺自正統年來相繼修造又頒賜大
藏經幷勑書於內以爲祝釐之所其界東至琱公
山野老庄石門西至鷄鳴山南至明孔山北至神
寶寺山園椒竹土產遞年買辦香燭足充供養近
被軍民人等牧放牛馬斫伐竹木作踐祠垣殆非
妥明靈之意御馬監太監錢喜具悉以聞特降勑
護持之陞戒壇宗師至珎爲僧錄司右覺義仍于
寺住持領衆焚修祝讚爲多人造福今後官員軍

民諸色人等不許侮慢欺凌一應田地山場園林
所產諸人不許侵占騷擾作踐敢有不遵朕命故
意生事侮慢欺凌以沮其教者悉論之以法故諭
成化十五年

明神宗勅曰勅諭山東濟南府長淸縣護國靈巖寺
住持及僧衆人等朕惟自古帝王以儒道治天下
而儒術之外復有釋教相翼幷行朕以沖眛嗣承
大統迄今廿有七禩天下和平臣民樂業仰思天
眷祖德洪庇良由大公同善之因況國初建置僧

錄司職掌厥事益仁慈清靜其功德不殊神道設
敎于化誘爲易祖宗睿謨意深遠矣佛氏藏經舊
刻六百三十七函我聖母慈聖宣文明肅皇太后
續刊四十一函朕既恭序其端而又因通行印施
序其前後勅諭護持所以錫孝類流慈恩也茲者
朕嘉善道之可依念傳布之未廣爰命所司印造
全藏六百七十八函施捨在京及天下名山寺院
永垂不朽庶表朕敬天法祖之意弘仁普濟之誠
使海內共享無爲之福先民有言一念善斯和風

慶雲一念不善災星厲氣夫善念以有感而興無
感而懈是以皇極敷言不厭諄懇聖喆所貴善與
人同古今相尋其揆一也且善在一人尚萃一家
和氣若億兆向善豈不四海太和此經頒布之處
本寺僧衆人等其務齋心禮誦敬奉珍藏不許褻
玩致有毀失特賜護勅以垂永久欽哉故諭萬曆
二十七年。

請疏

請僧開堂之疏雖與文藝無涉亦不可不拈出

一二以見大臣忠　君愛　國之心無所不盡
其誠敬者也
金左平章政事　勸請　滁公長老住持濟南府十
方靈巖禪寺為　國焚修開堂演經祝延　聖壽
者
伏以達磨不西來孰能薦祖盧公既南度始見分
枝雖無毛髮丁人要在承風助證例開法施各踞
名坊厥有濟南靈巖佛寺利洽鄒齊襟吞兖魯二
百年叢林浩浩三千里香火憧憧飛閣蓮宮粹容

金界不期偉匠焉振宏綱伏惟 滌公長老守文
三代接武四禪應歷下之機緣續方山之勝躅遂
使白蓮真蹟無根而鬱鬱騰芳青耐餘光不鏡而
綿綿昭世正身高提祖印獨步大方祝吾 萬載
之昌圖繼古佛一乘之慧壽謹疏大定二十三年九月

又

元宜政院 勸請 月庵海公長老住持大靈巖禪
寺爲 國家修祝延 皇帝聖躬萬壽者
無徇無私護惜千年之常住有心有力匡持四絕

之靈巖必假其人　承當此事伏惟　月庵海公
長老忠心振領壯志提綱秉　佛祖機秘具衲僧
巴鼻輕燗爐鞴休辭接物利生重下鉗鎚莫憚擔
邪顯正傷嗟默照處閑可歎方山枯淡要與　復
庵出口氣呑來　祖刹用些心好箇因緣休教蹉
過爲人說法當酬　西祖之千年報　國焚香仰
祝　南山之萬壽謹疏　大德二年

碑記游覽附

齊州景德靈巖寺記　宋張公亮慶曆中長清尉至和中官至秘書省著作佐郎

泰山西北阯羣山擁翼連屬百餘里摩空干雲秀拔萬狀曲如列屏側如立壁矗如攢劍銳如植圭崔嵬掩映城堡環遶虎兕奔突龍虵盤屈崟為巖谷岈為洞穴斷為溪澗引為林麓峰卓嶺聳巒跳巘疊翠木蓊蔚飛泉激越中有川焉厥土衍沃齊魯通道出于其間左一山峙起曰雞鳴緣北麓絕澗循谷口上東

北走二十里險盡地平山勢圍抱四面峭絕如堵墻蒼巖之下紺殿崛起峻塔貫雲寶樓結瑤高門嵯峩長廊連延遠而望若畫圖中物即是寺也按圖經本希有佛出現之地後魏正光元年法定師始置寺有青蛇白兔雙鶴二虎之異我朝景德中方錫今額先是舊制頗略率意締構因地任材行列不次景祐中主僧瓊環者即衆堂東架殿兩層龜首四出南向安觀音像文楣藻拱顏極精麗設簨刻鯨以警昏曉後主事者復植殿之兩楹闢正門疊石填澗爲迴廊庭

隙顯殿乃爲大壯寺有石三門千佛殿般舟殿檞丈
塔皆古刹塔西長松狀若偃蓋背有一峰聳起百丈
北望正方青壁削成如碧玉中有石龕金容儼然西
尖峰可登下視深谷千仞前有洞東西南三門相通
中設羅漢像西南望一山壁穴如車輪午遠晴日在
南飛光透徹講堂東石壁下一泉曰錫杖又東五步
二泉曰白鶴一見一伏又東北二百步一泉曰甘露
寺門西百步一泉曰黃龍皆爲絕景太宗章聖嘗賜
御書琅函鳳篆輝映巖谷皇上復降御篆飛白爲賜

天文炳煥雲日相耶寺之殿堂廊廡廚庫僧房間總五百四十僧百行童百有五十舉全數也每歲孟春迄首夏四向千里居民老幼匍匐而來散財施寶惟恐不及歲入數千緡齋粥之餘羨盈積多以至計司凭權外臺督責寺僧紛擾應接不暇太遠清淨寂寞之本歟慶曆皇祐間薦饑舊供者千百無一二至僧徒解散僅有存焉職是官禁亦弛雖財貨所殖非復曩時之盛而方袍圓頂得以宴坐憩天其或者俾釋氏徒復其本歟老氏謂禍兮福所倚斯可見矣東北

崖上土平處古堂殿基宛然石柱礎鐵像下體尚存蓋洪定始置于此爲後來者遷之也今其壘尚存僧之辟穀者講習者居之以遠喧雜川中有一易之田十夫屋千楹歲租月儲以足經費唐相李吉甫纂十道圖以潤之棲霞台之國清荆之玉泉合茲寺爲四絕慶曆三年予爲長清尉寺居封內剔覽絕景不知屬厭餘三則求之見也爾後十二年之官道復過寺主僧重淨以記見假他日因具道山水奇偉經始肯構盛衰本末附勒于石或模之遠方俾未遊者見之

一覽如目擊且使知靈跡巨麗信爲一絕得以校雄勝于三者云

遊靈巖記

宋卞育 濟陰人元祐中濟南郡從事

齊有靈巖寺稱天下四絕之一海岱間山水之秀無出其右者僕爲郡從事被檄屢到焉長廊大厦其制甚雄擊石鳴金其徒甚衆斷碑壞址古殿石闕五季之遺跡往往具在山僧引導而悉觀之洲溪之東雙峰挿天巍然對峙穹窿似可通行山僧指之曰此東天門也天門之西一峰特高其下如席寺之基址正

君其下山僧指之曰此方山也有證盟像焉其杖屐
而徧登之羊腸鳥道縈迂盤曲且進且卻舉緣而上
者不知其幾千仞也既升絕頂五巒之形盡可俯瞰
若斷若續若駐若馳駢列櫛比周環四合珍禽異獸
古木怪石千類萬狀靡不覩焉心目恍然殊不知君
天地塵埃之間而已之有軀也山僧又指曰東有朗
公石西南有明孔鷄鳴二山似能引望非人迹可到
者耳由山之西宛轉而下至半巖得泉於石竇嘗味
甘如醴停杯而激之淸韻琳瑯珠璣亂迸坐待久之

醒人毛骨山僧曰此甘露泉也下有錫杖白鶴三泉
舉類此矣顧謂同行者取酒藉石以竟日幽禽噪晚
煙靄四合巖月亭亭挾風索索山僧曰可以還舍矣
出履巖腹幽亭奇樹繼從而盡覽焉其槩何可既耶
於戲智者勞心愚者勞形勞心者始勞形者疲習不
知雲霞棲心息形自在地也仆方衮衮于簿書間不
能同花鳥泉誦貝葉支優游周旋于此良可愧怍解
後有期心遊目賞殊未厭之不知異日之來又何時
也將出山礲石而誌之庶幾使勞形勞心者觀此一

悟云爾

靈巖開山祖師像圖記　金陳壽愷濟南人皇統中方山隱者

雲公禪師住持靈巖未越三載宗風大振嚮風而遠近歸之一日謂濟濱老人陳壽愷曰夫靈巖大剎昔自祖師觀音菩薩託相梵僧曰法定禪師于後魏正光元年始建道場與梵宮居天下四絕境中稱最而世鮮知其由我祖師其始西來欲興道場于茲也前有二虎負經青蛇引路捫蘿策杖窮絕壁而不可登

乃徘徊于南山之巔面石之久感日射巔峰成穴透紅光于數里師乃躡光而下美其山林秀蔚可居于泉道遇樵夫亦異人也顧師而言曰師豈有意于茲患其無水耶回指東向不數里間雙鶴鳴處可得之矣師既徐行則有黃猿顧步白兎前躍俄驚雙鶴飛鳴其下涓涓果得二泉又擊山澗隨錫杖飛瀑迸涌遂興寺宇逮今八百餘歲凡祈求應感而福生民莫可勝紀然爲我祖師發揚顯聖跡之狀茂聞其人良可太息乃命工敬圖其像而刊諸石庶廣其傳普勸

遐邇永同供養

靈巖寺記

金　党懷英　泰安人明昌中翰林學士

名山勝境天地所以儲靈蓄秀非福力淺薄者所能棲止也必待仙佛異人建大功德以爲衆生繇豈福用泰山爲諸嶽之宗其峰巒拱揖谿麓廻抱神秀之氣尤鍾于西北而西北之勝莫勝于方山昔人相傳以爲希有如來于此成道今靈巖是其處云後魏正光初有梵僧曰法定杖錫而至經營基構始建道場定之至也蓋有青蛇前導兩虎負經四衆驚異檀施

雲集于是鑿崖絕谷化爲寶坊歷隋至宋土木丹繪之工日增月葺莊嚴爲天下之冠四方禮謁委金帛以祈福者歲無慮千萬人佛事益興而居者益衆分而爲院者凡三十有六趣嚮既異遂生分別主僧承義律行孤介以接物應務爲勞力辭寺事時開封僧行詳方以圓覺密理講示後學衆共推舉可以住持乃更命詳實來代義仍改甲乙以居十方之衆熙寧庚戌歲也越三年癸丑仰天元公禪師以雲門之宗始來唱道自是禪學興行山林改觀是爲靈巖初祖

爾後法席或虛則請名德以主之而不專一宗曁今琊公禪師二十代矣其傳則臨際南也師至之日屬山門魔起覬奪寺田四垣之外皆爲魔境大衆不安其居師爲道勇猛卒以道力摧伏羣魔山門之舊一旦還復衆遂安焉師以書屬懷英曰吾寺之名著于諸方舊矣由希有至于定公則不可計其歲月由定至于今七百年中更衰則歷朝刊紀斷泐磨滅蕩然無餘而佛祖之因地建置之本末與夫禪律之改革宗派之承傳後來者鮮或知之念無以啓信心鎮魔

事雖然佛法堅固如虛空等而魔者如浮雲浮雲彈
指變滅而虛空無有窮盡何憂乎魔事惟是著述銘
勒佛氏中門舊所不廢幸爲我一言余報之曰諾已
乃敘師之所欲言者書以遺之若夫山川光怪靈蹟
示現山中老宿皆能指其所而詳之此不復道也

題大靈巖寺碑陰　元僧家奴蒙古人至正初山東東路都轉運鹽使

長清治之東南餘二舍許鎮曰中塢又東入山峪有
大刹曰靈巖實山東一大壯觀也山川峻秀殿宇雄

傑碑述已詳而有大闕者紀寺之名未有一言者焉今山東憲副雙泉公至正三年夏分道益都讞獄路次其中迤邐周覽徐焉長老定崑言曰名寺之揭猶有所遺為求名公能書者當以書請長老合掌而言曰非小僧之幸佛教之大幸也於是日留於心為事倥偬弗暇及焉秋復按之郡邑實所隸欲酬前日之語地僻又乏能書者試自為之操筆一揮深中其規而骨力老健雖古之善名家者未知誰先後也謂自古迄今殆幾千百年名卿鉅儒游憩於斯詩文題於

壁石之間碣可弭數而于此略不加省豈將有所待而然耶又謂公素未曾書援筆而成豈啓人之聰明者在於是耶不然若以一念之誠有所感于彼而彼亦以誠應有以陰相之耶是未可知蓋天以一理賦於人而憲副　父御史中丞夏國襄愍楊公一心王室勲載史册天之報施其子又遹前人因摭其實而書之公西夏世家名文書諱守國賢雙泉其號也

靈巖寺重建五花殿記　明王裕　臨川人正統初御史

靈巖濟之名刹也居泰山西北之麓岡巒環抱林木

陰翳崖壁峭拔巖谷深窈真棲禪之地也後魏正光初有梵僧法定樂其形勝遂駐錫于此乃有蛇導虎馴鶴止泉湧之異土俗目共神構丈室以居之演教授徒日滋月盛遂為開山初祖歷隋暨唐以迄宋元堂殿門廡齋室庖湢悉有就緒雄美宏壯甲于他處浮屠雲集動以千百宋太平興國中乃建五花殿于法堂之前重簷疊拱上峙三級下施四楹丹堊彩藻為天下第一歷年既久上風旁雨遂爾傾圮正統改元之初寺僧志昂念昔人創制之由乃圖重建于是

悉心其事鳩工庀材經始于是年七月至五年庚申
春始復其舊規盡繪事有加于昔既成予適按行諸
郡經過其地見其山谿幽勝殿宇宏壯始信爲齊之
名剎也乃拜而請曰五花之廢也十有七年矣前後
主于此者凡四僧而吾飽食煖衣無補于時幸遂世
道之泰襄助者日至所以克成是事敢乞文以記之
嗟夫佛氏本西方之教也漢明帝時始入中國由是
通都巨邑名山大川皆建寺以闡其教而後世宗之
者何其盛焉若靈巖者誠齊地之佳勝向非法定之

開創神異者開于遐邇又焉知不爲樵牧之區哉於戲殿之重建僧之用心可謂無負于其教矣四方之人遊于此者無有不儼然起敬施財布金以徼福利所以寺僧能成其功者良以此也佛氏之教益彰而人益信矣靈巖之名愈久而愈著矣殿宇云乎哉

東遊記

明王宗沐（字詔甫臨海人隆慶中山東左布政使官至工部侍郎）

隆慶五年八月十日沐偕憲伯連江吳公文華少參潞安宋公守約有事濟上還道過泰安州肅衣冠上謁岱宗齋幣豐潔牲肥酒香駿奔有加焉山東累歲

饑茲適大稔輿行野中登穫徧場男婦嘻舞報飲熙然而余三人守土適蒙茲貺非岱嶽神休是藉耶而敢不虔也方謁而天日晴霽登高望遠指顧齊魯之郊東盡海上南望沂泗西北盡燕趙皇封聖跡邈秦漢唐宋之遺若風肅然來焉還下御帳撫秦松捫朮流觴于濬泉白石間明日西行六十里許入靈巖寺則月之十五日也登高閣以望群山翠圍迴合漱玉泉轉輪藏摩鐵袈裟夜還置酒臺上月色初朦朧少頃澄鮮當午臨照山空影落波光浸人飛觴方半命

僧人以梵樂登塔頂奏之聲聞數十里如鈞天廣樂
玉帝輦下侍朱旛火鈴霓裳羽奏又如諸天莊嚴來
謁佛所而陵迦螺貝法鼓相參發也時頓忘身在人
間稍尋竹徑休焉吳公執爵屬沐曰余與君長濟臬
宋公以才晉數道故事俱不得輒舍所司他適而今
得恣遊山水禪寺中又適月在中秋之望自有山來
如余輩遊又與月會聞妙高音者凡幾公其可無志
乎余曰志于楮不如石石不如口今見居寺余請爲
佛語令僧人習誦之足志茲遊不忘且知余三人遊

有進于是者

遊靈巖記　明王世懋字敬美號麟洲太倉州人萬曆初太常寺少卿

萬曆丁丑秋閏八月壬子朝于京師歸并故道返于閶井路經長清聞新擢南中藩叅舒陳兩公尚留靈巖寺亟以一力邀之共遊無何陳公以剌來迎日暮抵崮山舖夜大風寒晨起躡霜而趨舒公剌迎者亦來知兩公能為我留甚幸入山可三里許始為馳道陟岑中斷石梁跨之甚雄遙望諸山圍列鱗次天設屏障梵宇浮屠擁出翠微間真天下奥區也入門禮

大士畢即往舒陳二公所口占一詩謝其見進二公已設素食相留矣飯畢具軟輿二僧導而前凡山所名勝處率一至焉東巖下垂一石人立而向者朗公石也石沼渟泓亭而覆之涓涓出于佛足復匯爲外沼而漫流山麓間已忽伏而不見者甘露泉也別院曰達磨旁湧出一鐵高可五尺濶殺其一背僂面拗天爲級縷作水田狀者鐵袈裟也已稍捫歷而上至一亭而止度其上不可登仰視絶頂下有平壤草木蔭映絳宇山焉有廬其傍者一僧一行居之時上下

取水如是者五寒暑矣意其人修頭陀行者恨不一見瞻眺久之而下時舒公小劇頓泉亭相待予與陳公迤邐而下從之逕舍視僧房竹蒼翠數百竿山以東所無也小憇後出講堂前摸宋碑數道讀之步入香積厨見復沼一泉盈而不溢其傍瀌瀌細流環之問之僧云又一脈也厨之後復有白鶴二泉盈如厨泉而細大都茲山以泉勝其泉或盈或流或伏或見或交或斷僧亦不能盡名也寺當天下四絕名刹像構宏麗殿閣三重峙其前浮屠七級標其右予與陳

公據閣巔而望焉浮屠不盡四級而止其山四圍故不能遠眺也下浮屠而南爲魯班洞洞上緣傾崖屈甃以石而成二石門內揵不可入似爲開山僧埋骨地云於是山之勝幾盡獨所謂道明覈者未之見僧云出山二里外可望而窺也予兄元美嘗謂予言靈巖是泰山背最幽絶處遊泰山而不靈巖不成遊也予兄所題處衞二碑皆手書詩皆十二韻凡經再遊而得者去今二十年矣是夜飯畢各就寢因得排律一首韻如家兄數晨起書石付山僧去南行泰安仍

共岱宗之遊

透靈碑記

徐琳　萬曆庚寅　山東運同

透靈碑者乃先大夫題之靈巖寺者也自嘉靖丙寅迨今二十有五年矣時先大夫以南司空赴都試道經靈巖憩仁知之樂意者見此碑瑩然如鏡一照而徹靈巖故名透靈也於乎先大夫往矣手澤如生令不肖琳見之能不痛哉且先大夫好題詠又輒厭棄不復詒藁即不肖琳兄弟竊蒐拮匄請之力至今尚未得什之二三乃以一時承乏之暇覩手澤於茲寺

豈靈巖之靈透於碑之靈而先大夫之靈又憑於靈巖之靈故假不肖琳於山東又假不肖琳於此遊而聊以遂無窮之思乎又安得隨遇隨適而㩦手澤如今日也則不肖琳詎忍使之泯泯朽壁間哉故摹勒别石而識之如此庶幾後之見之者亦有感於不肖之私而勿毁云

遊靈巖記　明王在晉大名人萬曆末巡撫山東官至兵部尚書

余從泰山下平麓大祭程君李君都閫丁君相遲入州城曰岱之北麓最勝者靈巖也而又爲入者之軏

道請以詰且相期于靈巖之下益距岱九十里而余循塗造焉巖之西爲鷄鳴山石臺高聳當山戶夜聞有鷄聲靈巖寺在方山下方山南接岱宗北帶龍洞山圍綿亘嵯峨瑋拔欝岑對崎巒疊周環圍如垣墉堅如營堡削如峭壁麗如錦屏龍蜒盤曲獅象蹲伏巠中一路土囊擨壤坱軋通明閬颷未可漂山谷風不能乘條益廣莫之委巷而崑崙之層城也佛圖澄飛錫之地辟支塔存焉塔高特孤鶱破雲標霞豐隆軒其霆震列缺掖其照夜龍昂翥井參山絕頂相與

澄禪廻景覺天路之匪隔矣余抵山而學憲梅君亦至四君邀余上嶺嶺之阿有敕崇奉鐵袈裟生鐵爲衣高五尺縫紋如織法定禪師與構刹宇袈裟自地湧出或曰達磨西來面壁九年道成而去遺袈裟于此循嶺而上訪六泉曰石龜曰獨孤曰黄龍曰卓錫曰雙鶴曰甘露在靈巖東北泉至甘水從石龍口流繞各僧厨由山門西溝出蓋是山爲岱宗之析支廻龍結局風氣周密景色閑都而寒泉湛澈渟泓瀵玉瀠碧有引池分席之勝班荆列坐流觴于鏬石推崎

之間斜照崦嵫山鳥傍人尋宿而歸雲翩泄容容霄
堮宵露霏霺沾沾衣袂于是牽薜荔以下樵蹊掩柴
扉而對疏月蕭然一榻于問竹亭之精舍東方篔簹
絕罕而是山有竹新筍迎風解籜石傍高下參差有
此君相伴可與共良宵夜半月移竹影透人綺疏風
亂松濤淅颯枕簟消客愁而清塵夢一片野心任白
雲而飄泊矣假晨遊佛堂訪絕景亭無可覓亭爲宋
僧仁欽所修以寓觀覽景有四曰羣峰獻秀曰甘泉
激玉曰松冊挺翠曰巖花啼鳥今廢矣靈光亭在明

孔山西曾班洞在寺飲馬溝在靈巖右宋徽宗解鞍卸轡浴馬有青螭鼓鬣而遊皆所經行地出殿門讀唐開元梁昇卿碑字多剝泐不能辨山麓十餘里古松參天謂之十里松按水經所稱玉符山說者謂即靈巖而是

靈巖紀遊

明　郭永昌（號太微崇禎初山東屯院監察御史）

不佞宦遊十載如天台雁宕虎丘錫泉諸名勝亦多足迹所經然皆未嘗躡雙屐于頂上留隻字于壁間蓋不敢以風塵面目辱山靈也歲癸酉冬孟以視屯

入二東過靈巖寺夜宿谷竹禪堂竹籟如雷犬聲若豹擁衾獨睡萬慮都息遂有身在此山之想無奈漏鼓纔下而馬首又斷向岱宗矣守道康公雖殷勤召飲而喝道看山殊覺形穢未知何年遂衲衣證也來得隨蹲虎飛鶴飲卓錫下一滴泉也圖韵未成都爲王程逼迫片言寄贈以爲異日歸山左券未敢曰終不落姓字人間也

國朝重修般舟殿碑記　施閏章 號愚山宣城人順治中山東學道官至翰林侍講

靈巖爲泰山北麓諸山之望林谷邃密多洞壑崖泉之美考志及水經注沙門僧朗居其地大起殿舍魏太祖遣使致禮今寺東南有石竦然人立猶稱朗公石云宋張公亮碑則謂始建寺者魏正光中法定師也寺所從來最久而寺宇之最勝者曰般舟殿望之若璇宮瑤闕焉余至靈巖其殿傾圮壞漏瓦礫狼藉怪寺僧無募修者久之僧祖居以募請且曰曩之莫敢任者病役之煩也今所以請者感公之言也余喜曰有志者事竟成若勉之矣時三司諸公及州邑聞

之各竭其力告助于巡撫右副都御史耿公而袒居拮据萬衆不及朞落成山下有大木二購之不與錞感異夢而施之其事儒者所不道而好事者驚相傳以爲神匠氏之屬畚鍤之役皆若有所慕而樂爲有所畏而不敢怠故其直廉而傭者衆其時速而成功多掊地得唐宋碑碣如山累爲屏壁鱗次而繡錯凡一百一十通僧來請記余謂佛刹瀰天下不可億萬計一寺之成毀于佛氏無損益而般舟又靈巖之一殿也何記之有然寺始于魏盛于唐宋有屋數百間

天子駐蹕縉紳士大夫來遊者踵接而其僧亦多通
曉禪律如弥公輩能與士大夫唱酬爲所尊禮故遊
咏碑碣甚多浮屠氏與起金元之間行省侯摯駐兵
祠爲張汝楫等所據兵燹繹騷蕩爲荆榛明興三百
載始理其什一二三而末年復以亂殘僧徒散亡至今
稍集于是有般舟之役葢事之盛極而衰廢極而興
固其所也般舟之興吾將以卜靈巖之復盛焉遂刻
之

遊靈巖記

王紀 號泊園沁水人 分守濟南道

康熙壬寅首夏既望僕自省旋岱路經靳莊變服策蹇托名訪館先生免滋驛擾一觀靈巖之勝行至石徑之半南望山腰雲煙縹緲處茅屋十許傍壑依崖欹斜無次頗有吾家摩詰筆意俄聞鳴吠之聲恍若雲中雞犬山陰道上無此致也進山寓東廊下主僧慈舟一老瞿曇也揖客甚恭呼其法侄超然導觀諸勝如漢栢唐松古殿名泉怪石幽壑荒亭廢榭率一覽焉所最可愛者爲巢鶴巖三面陡絕高可千仞頗有凌雲之勢巖頂盤石大類虎丘山之千人石而雄

偉過之于眺覽爲宜南望嶺頭亂石縱橫黃茅萋菲依稀蘇長公醉遊時風味者黃茅岡也追思我公曠世之文章事業止博得黃州惠州瓊州惟留得千古名耳臨風吊古泫然爲之下西眺則遠山如黛煙景迷離令人神怡心曠恍若胁天庭依日月也俛視石上有昔人題鐫別是乾坤四字信矣夫久之下巖由西路南下抵臥佛堂倦甚輿然共坐門閾憇焉推窗一望松濤蕩漾亦足以觀頃之清風自松間颯颯徐來爽人懷抱一時煩暑都消優哉游哉人耶仙耶僕待

意於風風借韻于松皆有助于清況者因題松風閣
以名之離閣歸寓升謂曰今日之遊能盡美乎寺之
西南有滴水崖者亦佳但幽深僻遠未見知于人耳
僕聞之躍然晨興別升仍命然導僕披荆分棘而行
三四里至焉懸崖百仞水滴滴下亂洒如雨上接蒼
壁下注清谿野鳥山花怪木虬枝爭逞異態媚客令
人戀戀不能舍又另是一佳境也南上里許曰水屋
泉水盈中大旱不涸四圍樹木蓊蔚亦勝地也北返
官道然揖別歸寺僕循舊路轉南二十里許至長城

舖從人候焉乃舍驢就輿薄暮抵泰安旅舍次日遣使致顧渚新茶青絲潞緞各二寄酬慈舟超然二長老之勞斯遊也如滴水崖及水屋皆遊人所不遊者松風閣亦樂人所未樂者而靈巖景趣領畧殆盡矣巖壑泉石無不奇麗而品冠四絕也宜矣惟古今碑石名筆頗多不暇一顧亦快事中缺事竢以異日續焉

遊靈巖寺記

李興祖 字廣寧號慎齋銀城人

濟南名山自岱宗而外若徂徠若新甫諸勝耳熟而

身未至者不啻八九其最企予懷者爲靈巖今春復有事於禮岱計凡三至矣而所謂靈巖者聞從岱麓之北逶迤可九十里許遂命徒叱馭循行至山口望之若獅者爲獅山蹲其背若象者爲象山峙其前横兩山而中者爲朗公山山之東巔有石立如人形相傳爲朗公化身及入谷地多異狀樹壯而石瘦盤曲如松根柏榦草木蓊蔚寺中浮屠聳立若與巔石相揖讓又里許山勢四合如埤堄僧舍梵宇周列若闤闠俯夾溪流石梁横其上水鳴鏘然淸瑩欲澈人肝

宇寺僧聞騶從至沓然來迎予揮去之留一二導從遂舍輿騎步入殿堂登巖閣探諸名蹟知創自北魏盛光年法定禪師鶴引卓錫地東有錫杖泉西有雙鶴泉後爲千佛殿然而年遠荒圮像設崩墜愴懷者久之繼登藏經殿殿在浮圖之右僧指謂予曰殿北去爲香山有臥佛殿殿頂又有石佛精舍精舍左右有白雲黑雲二洞常有雲氣罨靄窅曲深邃非信宿不能窮其奥又東南般舟殿殿旁乃唐太宗御書下列歷代名人碑記暨宋蘇明允學士行草兩碑書法

甚遒健後爲達磨殿有鐵袈裟屹立庭中又東去爲朝元殿北折五六十步徑愈曲巖谷愈幽者爲大上殿當殿中穴泉湧出竇僅如斗深不可測琢石蓋其上伏流而出滙爲池池上石如張筵如懸鼓有亭覆其上可列坐而休焉名人題詠參差間列嘯歌其中崖谷相答而視聽愈遠若不知身在泬寥間也予謂遊至此觀止矣僧曰未也夫所謂靈巖者以其境最幻當巖之半忽出平地可十數武青壁陡絶變於後丹崖懸峭逼於前惟東西石隙可蟻緣而上寺由是

得名予方欲褰裳就之而日已西頹蒼然暮色自遠而至與猶淋淋然於是引觴滿酌暢叙幽懷因思朱門華屋列金石而陳鼎彝孰若招提蘭若之方丈圃蒲也雕甍錦榭奏宫商而選妙曲孰若晨鐘暮磬梵唄迦趺也車塵馬足老風霜而逐利名孰若山巔水涯竹杖紗巾也因此悟彼予於山靈滋愧矣然而夙願獲償夢寐中若與慈巖相對而塵襟俗慮庶幾其免矣夫於是記之并二詩附於巖石以志不忘云時康熙癸酉三月二十九日也

遊靈巖滴水崖記

趙之屏 號仲藩長清人戶部司務

康熙庚午七月既望乘斯清秋涼爽素慕靈巖之勝乃一策杖遊焉緣曲徑穾崇輿橋邐迤二三無名野老揖余若舊識者顧謂曰翁之來也為禮佛乎為覽勝乎禮佛則問彼緇流覽勝僕請為翁導橋南里許有泠泠之聲者滴水崖也靈巖之勝未有勝於此者緣其地僻谿深遊跡罕至故未見知於人耳余聞之欣然而往至則見其巖石嵯峨懸崖滴瀝水流花開魚躍鳶飛一團清況令人有濠濮間想野老曰抑有

說焉靈巖巖鞏固佳而松濤蕩漾更助吟懷亂後被
小人嘗利偷伐不已順治庚子幸遇我　方伯施公
來轄東省布
朝廷德意育海岱黎元六郡百城沾恩二十餘載餘澤
尤鍾乎茲山護持多方始獲無恙不然則久已髡其
山矣安得有今日之鑒賞耶對景興懷不能不悲慟
於心也淚如雨下余亦悽然非公惠政及民之深何
以感動荒山窮谷甘棠遺思如此其切也耶吾爲之
三致歎焉今日之遊絕景淳風兩收之矣筆之岩阿

以紀其畧　施公諱天裔號泰瞻官至廣西都憲遼陽籍泰安人也於戲百年有盡者身千秋不朽者名公之忠貞行狀卽有青編可考此則山林野史以佐正史者也王右軍曰後之覽者亦將有感於斯文

施公以泰安人爲本省方伯而靈巖實泰山之一麓偷樹之弊知之眞故其禁之嚴至於今滿山古木皆蕩然矣比聞土人言偷伐樹木之人卽看守山林之人是耶非耶治斯土者詳察留意設法護持而靈巖樹木又其甘棠遺愛矣

重修伽藍殿並山神土地祠碑記

于紹舜 字克承進士中書長淸人

予觀宇內名山多爲佛居因有佞佛者相率求福田利益反是則矯而爲謗佛者予謂二者皆非也今於重修靈巖之伽藍殿而得其解焉清邑東南九十里許有靈巖寺踞獅臥象黃龍白鶴山泉之美可甲諸郡蓋自沙門法定首闢蠶叢遂爲勝地舊有伽藍殿輝映左側是禪教之津梁而亦學士大夫之武夷遊履之此若步步引人入勝也歲久風雨剝落棟宇無

存邑耆老諱仲芳字嫻明王君慨然捐金首倡鳩工庀事鉅搆鼎新規模愈壯丹青金碧璀燦輝煌洋洋大觀矣並山神土地祠亦次第修舉松栢留秦漢之遺文字存唐宋之舊此真挽回滄桑一無量功德也工既竣浼予一言以爲記予惟神道設教與不崇淫祀二者之説俱不可以例此蓋深山窮谷之中獸蹄鳥跡所處非慷慨義舉力爲經紀設有高人達士思欲登涉而荒穢極目泉石減色縱山靈好客亦復誰爲東道主人耶故有其舉之不敢弐廢固山川之幸

也而豈其俊佛也有目共覩名垂不朽亦浮屠之德也而何敢謗佛也因樂得而稱述云

翊明王君林泉高士也樂善不倦雅不市名其所修功德事在靈巖寺者未易枚舉僅登碑記所及載餘俟采風者彰隱德可耳 韓鋐桐謹識

詞賦

靈巖賦呈明遠和尚　金完顏璹（號伯祥女真人崇慶中監蘄庄酒稅）

梵刹雖衆靈巖可推啓禪林之久矣萃海會以興之地勝三齊獨占方山之秀名馳一絕果爲精舍之奇原曰佛法自東漢而興焉釋門遠前梁愈闢矣阿育起清涼之業摩騰立白馬之基蓋如來聖教之光輝俾歷下招提之華侈料隋安之天竺豈可相侔念荆州之玉泉莫能與比當其一聖出世二虎負經本觀

音之示現託羅漢之儀形青蛇尋徑兮前導白兎齧草兮敢停金玉樓臺壯麗豈勞于人力人天境界經營多賴于神靈於是五花殿聳也梁棟崢嶸雙鶴泉深也莓苔蒼翠塵埃半點俱絕香火四時長置幽鳥樂兮翔鳴靈芝之秀兮奇異雲霞縹緲鑽万仞之翠岑檜栢陰森隱一壓之金地且夫仙萃絕景亭依秀巖春色偏媚于林麓歲寒不彫于松杉僧居明孔之峰佳名猶在鷄警悟真之淼異跡非凡但見踰垣入圃而馴鹿食蔬抱樹攀藤而驚猿偷菓任朝暮之岑寂

襟風月之足可雙清軒外猗猗修竹千竿默照堂前灼灼奇花百朶既而物我不染名利都無水聲清而漱潤石山色重而撲肌膚翛翛者迥出于塵境丹青者可寫于畫圖錫杖決流以長盈艮能利物袈裟化鐵而不朽果善回愚异哉靈雲了悟于桃禪惠遠能結于蓮社念古之伎倆雖已遠矣觀今之家風復可繼也且鉢稠足以優游兒琴書樂哉清雅鄉生他日了蠻觸之功名願陪吾師嘯傲于方山之下

重修千佛殿記并詞　明傅光宅（聊城人萬曆中監察御史）

夫金輪御世道化敷於四洲玉曆授時仁風被于九月然有功限于齊量勢窮于輿圖未盡人天寧遍沙界惟夫佛者四生慈父三界明師於微塵中含攝十方世界非少非多以刹那頃過百千萬劫無久無速來而非來降王宫而離兜率去而非去坐雙樹而入涅槃修而無修歷三祇而成萬行證而無證空十地而具三身半偈片言照昏途之明炬千函萬軸拯苦海之迅航此其等世界于微塵視功德于滴水不容擬議豈可思量乃其端緒因緣各成於願于身臨機

應世刼分後先説法度生土有淨穢惟華藏世界娑婆層在十三賢刹慈尊釋迦名當第四過去莊嚴未來星宿俱有千佛圓果十方歷窮三世數等恒沙性海無邊心光遍攝塵沙刹境不隔毫端十世古今未移當念是故一即一切一切即一光供千尊已該無量一聞名號早脫輪廻但睹光明即登極樂信解者自證無生迷惑者竟沉有漏此諸方耆宿借嚴飭以啓眞緣歷代王臣假檀施以明信力總之然慧燈以繼日月之光濬靈源以滋江海之潤者也靈巖禪寺

者峰連岱嶽谷號金輿朗和尚開山于初則七帝承風而遙禮定禪師宏法于後則四衆欽德而皈依龍象經行靈異互顯逮于今日道法陵夷僧廢清規人罕正信蕪穢散于饑饉殿閣圮于風霜靈泉鳴咽而斷流寶樹蕭疎而失蔭于是德藩先定王以夙世機緣捐施帑藏世殿下以深心仁孝成就功德先是丁亥之春有密藏上人結盟于林壑戊子之夏則蓮觀和尚說法于山巖于時典寶副陳奉者方奉王命督理寺工受一言于密藏投五體于蓮觀奉戒精嚴監

工勤慎遂爾山門炳煥殿宇崔嵬千佛毀者面擁掌峰背環萬壑方丈廓廡隱蒼藹于星羅寶刹浮擡出翠微而雲起玲瓏棟宇映日月而繞煙霞軒豁簷楹俯林巒而開紫翠香燈于金碧輝煌梵唄雜風泉上下蓮花座上依然三十二相之莊嚴菩提樹前儼然八萬千門之妙好一投禮而千佛慈光總爲攝受一瞻仰而十方覺聖盡屬皈依此衆生成佛之良因諸佛度生之宏願時有待而道法與緣既合而事理會大非偶然之故者矣余幼攻墳典明列賢科長閱梵

文未究情義天地雷雨半偈才聞燕市香花一言偈
契望雲腸斷息驂鸞以西來跪雪心安値鷲影而東
步時復有曹林文上人曇旭曉行者依杖履而參最
上之乘新安汪車騎平陰張參軍受經偈而求無生
之義余媿非利根幸聯盛事勸文金石歷萬劫以長
存矢志星霜盡羣生而普度爰作頌言用詔來世其
詞曰
邈焉無始眞妄混淆情塵結集愛流動搖想成國
土識作衆生六趣輪廻苦海冥冥爰有覺皇發慈

宏願用作津梁登之彼岸大海無潤至仁無恩恒
沙普度誰測弘深大發東流名藍星列金碧香花
然燈長夜泰山之麓是惟靈巖雲霞蒼蔚峰巒迴
綿漢魏晉唐代有龍象禪律相承玄風遠暢正法
既邈相教亦微緇流奔散誰復皈依天啓哲王克
仁克孝藩屏帝邦金湯聖道內帑既捐寶刹維新
智人振錫重轉法輪永奠皇圖長明正法功德明
明中宵瑚川貞石既刊山泉同久敢曰能文共慈
不朽滴水見海昭昭見天一薰一觴成佛因緣如

金在礦鑛去成金不生不滅諦信惟心此文法倣坡仙遊戲三昧故不載于碑記而載于詞賦

藝文志二

唐詩

題贊公房　杜甫

字子美襄陽人居京兆杜陵明皇時待制集賢院肅宗拜右拾遺官至工部員外郎

燈影照無睡心清聞妙香夜深殿突兀風動金琅璫
天黑閉春院地清棲暗芳玉繩回斷絕鐵鳳森翺翔
梵放時出寺鐘殘仍殷牀明朝在沃野苦見塵沙黄

題靈巖寺泉池　李白

字太白蜀人明皇時翰林供奉

遠公愛康樂爲我開禪關蕭然松石下何異清涼山

花將色不染水與心俱閑一坐度小刼觀空天地閒

其二

客來花雨際秋水落金池片石含青錦疎松挂綠絲
高僧拂玉柄童子獻雙梨惜去愛佳景烟蘿欲暝時

靈巖寺西入石路　劉長卿字文房河間人開元中進士至德中監察御史官至隨州刺史

山僧候谷口石路拂莓苔深入泉源去遥從樹杪回
香隨青靄散鍾過白雲來野雪空齋掩山風古殿開
桂寒知自發松老問誰栽惆悵甘泉水何人更渡杯

題靈巖諸峰　錢　起　字仲文吳興人天寶中及第授秘書郎官至考功郎中

向山看霽色步步豁幽性返照亂流明寒空千嶂淨石棚有餘好霞殘月色暎上詣遠公廬孤峰懸一徑雲裏隔窗火松關下石磬客到兩忘言猶心與禪定

遊靈巖寺　司空曙　字文明廣平人貞元初官至水部郎中

春山古寺遶煙波石磴盤空鳥道過百丈金身開翠壁萬龕燈焰隔煙蘿雲生客到侵衣濕花落僧禪覆地多不與方袍同結足下歸塵世竟如何

宋詩

留題靈巖寺　李沆 咸平中入相謚文靖此詩至天聖中始刻于石

靈巖山勢異金地景難窮塔影遮層漢鐘聲落半空
千峯羅雉堞万仞聳屏風飛鶴來清竇刳魚掛古桐
名曾參四絕封合亞三公勢徹河壖遠形差嶽鎮雄
仙閣鄰峻極日觀伴穹崇邃洞通蓬島重巒鑿梵宮
望應銷俗慮登喜出塵籠獻壽嵩衡並分茅海岱同
艮方標出震午位對升中嵐滴晴煙碧崖鋪夕照紅
巍峩齊太華奇勝敵崆峒鍊句供詩客摸真怯畫工

天孫分怪狀神化結全功吟賞慵回首雲泉興愈隆

靈巖寺乘興走筆　李　冠 景德時歷城人 官乾寧主簿

疊翠圍僧國幽棲孰有才名高仍可隱骨俗豈宜來
花發松香沒雲銷石色廻何年脫身去心委象前灰

道出靈巖過題五言排律十韻

滕　涉 吳郡人天聖 中諫議大夫

山半舊招提捫蘿躡石梯佳名標四絕勝境出三齊
殿古煙霞窟庭深檜栢蹊嶽靈分地界雲險接天霓
香篆清風裊松廊翠巘低飛塵無路入幽鳥隔巖啼

破梦泉聲急飄凉竹韻淒微陽生頂上殘月落峰西
暫到猶塵慮長居信覺迷致君功業就向此卜幽棲

憶靈巖絕句　杜堯臣 知鄆州軍事

四絕精藍冠古今千山影裏寺難尋年來蹤跡如萍
梗不得登臨恨更深

寺有四絕一日靈巖予以赴官獲茲稅鞅因賦
拙句用志其行　祖無擇 范陽人景祐中新通守濟南郡官至知袁州事

常想靈巖得到難因廻征轡此盤桓松風逗磬僧齋

冷石水環堂客夢寒聖作儼同堯典宿原注云寺有太宗御製御書古碑猶是魏朝刊故憐山色當樓好欲去重來一凭欄

再遊靈巖絕句

紅塵滿馬三廻到青嶂迎人萬疊開却被野僧相顧笑區區還是暫時來

留題靈巖　何約河東人康定中肅政廉訪使

天下名藍稱四絕靈巖雄與岱山連古淵堂上凭欄處似在棲巖太華邊

題白鶴泉　　川　樻嘉中遵州人

兩儀始融結中有靈巖川佛現青蓮相山分白鶴泉
澄清通舜井湛澈況堯天鞠氏留題後非才繼此篇

宿靈巖寺　　張　掞字貫之歷城人官至龍圖閣學士加翰林侍讀學士出知齊州

再見祇園樹流光二十年依然山水地況是雪霜天
閣影移寒日鐘聲出暝烟微官苦奔走一宿亦前緣

詩送新靈巖寺主議公上人

張　揆揆之弟官至戶部侍郎

峩峩日觀出雲脅西麓靈庵寄佛乘金地闢人安大衆王京遥士得高僧金刀斷腕碎魔伏錮軸存心與義增顧我舊山泉石美滌除諸惡賴賢能

留題靈巖　張稚圭 益都人 秘書丞

愛山特地上山來俗慮醒如醉眼開舉首但驚雲漢近直疑平步出塵埃

送靈巖新住持赴寺　王安石 字介甫臨川人神宗時人相封荆公

靈巖開闢自何年草木神奇鳥獸仙一路紫苔通嶺

效種松翁

靈巖鑒和尚招遊賦贈

宋敏求（與蘇頌李大臨共諫新法俱落職天下謂之熙寧三舍人）

暫脫朝衣暫得閑幽尋深入亂山前非關塵俗都無事自是登臨合有緣身健喜行新道路眼明重見舊風煙禪公着意留歸客更許捫蘿到梵天

轍昔在濟南以事至泰山下過靈巖寺爲此詩寺僧不知也其後見轉運使中山鮮于公子南都嘗作此詩并使轍書舊篇以付僧元豐

二年五月五日題

蘇　轍　字子由眉山人以諫青苗法出掌齊州書記官至翰林學士

青山何重重行盡土囊底巖高日氣薄秀色如新洗
入門塵慮息盥漱得清泚升堂見真人不覺手自稽
祖師古禪伯荆棘昔親啓人跡尚蕭條豺狼夜相觝
白鶴導清泉甘芳勝醇醴聲鳴青龍口光照白石陛
尚可滿畦塍豈惟濯蔬米居僧三百人飲食安四體
一念但清凉四方盡兄弟何言庇華屋食苦當如薺

遊靈巖　　鮮于頔

松門十里蒼山曲宮殿參差倚巖腹盤盤一逕入雲中又登絕頂最高峰石壁蒼然起秋色遠溪深處時聞鐘磴道崎危達巖下幾派清泉在澗瀉月色朦朧出遠山忽驚星斗在簷前勸客遊來不知返清光皎皎巖霜寒一出禪林復回顧白雲已滿山頭路

留題靈巖寺

鮮于侁 字子駿中山人元豐中京東轉運使司馬温公謂為一路福星

馬煩箠策車馳轂終歲塵勞常碌碌喜聞巖寺並山中路轉清溪入幽谷乍行山口疑洞天窮深一上翻

平田千層臺殿隱林木四面石壁生雲煙山僧迎門笑相揖爲語祖師存往迹屈指于今八百年已在西來詩磨前鶴鳴飛止黃金地錫杖湧起清涼泉境稱四絕名天下天台石橋乃其亞千峰不改歲寒時一水最憐秋月夜半生遊學頗艱辛且向空山老此身也知方丈安禪處解笑東西南北人

送確公長老住持靈巖

王暭　直昭文館尚書兵部郎中上柱國

瓶缽飄然別帝鄉法音從此振東方黃龍山下傳心

印白鶴泉邊起道場甘露無時皆一味旃檀何處不清香煩師更唱宗門曲兎角龜毛任展張

元祐八年八月二十日余因奉　命下齊州祀東嶽至靈巖

蘇　軾 字子瞻號東坡官至尚書禮部郎端明殿學士

醉中走上黃茅岡滿岡亂石如羣羊岡頭醉倒石作床仰觀白雲天茫茫歌聲落谷秋風長路人舉首東南望拍手大笑使君狂

留題靈巖寺

卞　育 濟陰人元祐中濟南郡從事

屈指數四絕四絕中最幽此景冠天下不獨奇東州夜月透巖白亂雲和雨收甘泉瀉山腹聖日穿巖頭大暑不知夏爽氣常如秋風高松子落天外鐘聲浮祖師生則石古殿名般舟人巧不可至天意何所留老僧笑相語茲事常窮求移出蓬萊島待吾仙子遊

贈新住靈巖長老　劉　槩　通判鄆州事

岑崟千嶂插青霄殿閣崢嶸霽靄交已化靈蛇留徑迹雙飛白鶴上雲巢萬家香火春迎社一派泉聲夜滌庵投錫此來當有意獨存秘宇在巖坳

題錫杖泉二首　　蔡安持　睢陽人

四絕之中處最先山圍宮殿鎖雲烟當年鶴馭歸何處世上猶傳錫杖泉

其二

畏途暑溽汗揮流暫訖靈巖物外遊山遶禪扃泉激玉新秋氣候似窮秋

靈巖十二景詩　　釋仁欽　福建人建中靖國元年宣選住持靈巖賜號靖照大師

置寺殿

青蛇引路破樵徑二虎馳經莫厭頻周漢魏時於此

佳年過八百又重新

般舟殿

般舟古殿最先風運載含靈不可窮生死海中波浪嶮莫教沉溺失前功

鐵袈裟

我佛慈悲鐵作衣誰知方便示禪機昔年庾嶺家風在直至如今識者稀

朗公山

萬象森羅古此峰傳來幾世朗公容知音會遇無先

後今日依前舊日蹤

明孔山

鑿開靈巖玲瓏朧一竅圓光似月明照古照今傳萬代不知誰向此安名

絕景亭

四顧林巒似列屏一源流水響泠泠遊人到此忘歸去名稱虛堂絕景亭

甘露泉

甘露香泉竟日流有時天旱四方求隨緣赴感無偏

黨古往今來不記秋

石龜泉

團團特石鑿靈龜口內噴流世莫疑造化始知心所有幾人到此亂針錐

錫杖泉

歷歷金鐶振一聲滔滔千古迸流清香厨日用無窮掬飲者甘和悅衆情

白鶴泉

雲鶴雙飛去幾年遺蹤依舊涌靈泉澄澄皎潔無增

滅石銚煎茶味更全

鷄鳴山

鷄鳴欲曉驚行路回首思量却再來兩兩三三皆省覺一人獨上刼高臺

證明殿

萬丈巖前作證明十方檀信等空平一針一草無遺漏百刼千生果自成

靈巖道場三首　吳拭　建安人

丹崖翠壁一重重香火因緣古寺鐘若有金龍隨玉

簡武夷溪上幔亭峰

其二

庵避迍得東秦憶別家鄉六度春何意眼看毛竹
洞主人仍是故鄉人

其三

大士分身石罅開輕煙微雨證明臺灑然一覺鄉關
夢換骨巖高好在哉

遊靈巖寺　宋居卿　東苑人

喬木森森結綠陰翠峰深處隱禪林高僧見鶴坐泉

眼聳醜閗鷄息盜心春去野花開異品飛來山鳥弄新音勝遊休便生歸計到此蓬瀛路好尋

次前韻　劉公度 政和中武節大夫康州刺史

十里靈巖翠路陰當時登陟到雲林佛衣化鐵存眞跡錫杖流泉慰渴心山擁精藍多勝槩松含清籟少繁音歸來每厭紅塵擾夢寐猶能去遠尋

證明龕　張舜 陽羨人

不倦干尋謁證明凭欄下瞰白雲生更期進步孤峰頂要向如來頂上行

鐵袈裟

綫蹊針孔費摻摻鐵作袈裟信不凡大庾嶺頭提不
起豈知千古付靈巖

走筆謝妙空　呂川長清縣尹

偶因攝吏來兹邑欲到山門未有期慚愧吾師先問
訊方知今日更驅馳

登覽靈巖　宋　逸　洛陽人

拌撇塵衣訪古蹤捫蘿涉嶮徹靈峰寒堆泰嶽千嶽
雪清迷方山十里松泉頂客回聞法鼓雲堂僧起動

齋鐘如來元現因明處直上人天第一重

別靈巖諸禪衆　釋淨如 號妙空嗣欽公住持靈巖七年辭去

七年林下冷相依自愧鉛刀利用微聚散莫云千里遠輪天一月共同暉

遊靈巖二首　朱濟道

二年催遣問東州見盡東州水石幽不把尋常費心眼靈巖消得少遲留

其二

東州山水大堤遊及至靈巖分外幽會有定師來指

示直須行到寶峰頭

留題靈巖　趙邦美 靖康中陳留人

披雲嘉處對青山何必登高縱遠觀巖谷幽深無限景可憐多是等閑看

金詩

被命按山東路因遊靈巖　張通古皇統中參知政事

萬壑千崖裏林開一徑深數年勞想望此日快登臨
境勝情難盡途危力不任樓臺相映抱松栢自蕭森
花散諸天雨燈傳古佛心鶴泉寒漱玉圍地舊鋪金
石磴崎嶇上桃溪窈窕尋淵明能止酒叔夜况攜琴
所恨無長假徒勤惜寸陰淸宵誰我伴乘興但孤斟

題靈巖寺贈西堂堅公禪師　康淵武功人

縈廻綠水遶春山蝶舞鶯啼白晝閑誰似西堂知解

肮不教憂色到朱顔

遊靈巖留題　任熊祥 山東路轉運使

岱嶽看未厭，復來遊方山林中路十里乘興一躋攀
忽至靈巖寺峰巒四壁環殿閣相掩映絕景非塵寰
古佛道場在宛然寺中間袈裟變爲鐵傳付一何怪
錫杖引出泉萬古流潺潺相逢佛日老談道扣玄關
揖我石上坐清風爲解顔翻思平生事宦途歷險艱
却羨高飛鳥猶能倦知還幾時謝冠蓋來伴白雲閒

贈靈巖法堂長老　李山 膠西人正隆中來遊

風埃奔走竟何堪邂逅叢林試一參縱目雲巖無盡度息肩石榻有餘廿曹潔瀆秘君應會岳麓題詩我謾慙得到洞天能有幾人間留取助清談

其二

磴石攀蘿鳥道分峰廻寶宇見層門倚巖危構疑無路襯步濃雲恐有根祖佛舊傳遺跡在家風今見宿師存我馳軺傳聊停轡欲火灰寒不復燉

靈巖即事　方山野人大定時人不留姓氏自稱方山野人其或此處之隱逸者乎

山僧樂道無拘束破衣壞衲臨溪谷或歌或咏任情
足僻愛林泉伴麋鹿水泠泠兮寒漱玉風清清兮動
疎竹閑身慵唱無生曲石鼎微烱香馥郁幽居免被
繁華逐巖得蕭條與林麓大道無涯光溢目大用無
私鬼神伏知音與我同相續免落塵寰受榮辱浮生
夢覺黃粱熟何得驅馳重名祿

重過靈巖有感　楊　野　大定中濟南判官

不到方山寺于今四十年形容空老矣風物尚依然
十里芽危磴羣峰簇險巔澗深泉漱玉林古樹參天

階砌封蒼蘚　闌門鎖粉墻　幽奇言莫盡　巧工畫難傳
突兀五花殿　泓澄雙鶴泉　僧寮依地勢　丈室極天玄
樓閣相綿亘　齋厨盡潔蠲　簷楹煥金碧　戶牖納雲煙
龜吐源流淨　鷄鳴澁意悛　松杉千古老　花卉四時鮮
峻嶺朝陽透　陰崖夏雪堅　虎行猶棧閣　蛇路尚蜿蜒
塔影侵霄漢　鐘聲徹廣川　園亭隨上下　池沼任方圓
勢遠滄溟撥　形高岱嶽駢　秋來寒氣早　春至煖風先
四絕名猶著　三齊景最偏　祖師留鐵衲　勝地布金錢
便可名兜率　真宜號福田　捕蝗同驛使　策馬訪民編

旅店離投遊靈巖少憩肩上人褰眷戀信宿得聞道香火朝隨喜龕燈夜掃禪挺身如出俗恍意類登仙擬作歸休計無何公事牽官程嚴有限精舍住無緣詰旦還摧枕歸途復着鞭何當罷塵累永結社中蓮

遊靈巖寺　智揖　明昌中山東提刑按察司

偷得工夫半日閑來尋一徑上雲煙巖崖直下臨無地樓閣從空峻極天雙虎負經初現世衲衣成鐵不知年此行仰愧埋輪手恥向高人更問禪

題靈巖寺之超然亭頌　王珩　明昌中山東路提刑

鍾山英秀草堂靈林下相逢話愈清聞道謀身宜勇退得閒何必待功成

和超然亭頌　路伯達 冀州節使

六合空明現此亭本來無垢物華清客來便與團欒坐萬偈何妨信手成

次蘇穎濱韻　勞堪 柴桑人右布政使

人生不超悟營欲安所底遊步愛雲房頻躡思一洗石壁瀉鳴泉繚繞飛靈泚佛刹出高林傾崖首如稽龕徑生異香曠然孤興啓獨往清涼門炎氛不相觝

雙鶴從空來素書貺丹醴飲此換凡骨御風入仙陛銘鼎竟何爲富貴藐稊米承抱物外心豈襲匭中體塵境每憂虞幽襟自豈弟終期返巢松松實甘猶薺

次鮮于頡韻

靈巖突兀方山曲古殿般舟枕巖腹石磴層盤林莽中芙蓉面面羅青峰菩提花散諸天雨薝蔔風傳萬磬鍾玄歷一鶴蹁躚下巖自點頭泉自瀉袈裟金藏不知年飛錫猶在西來前披襟向月聊放歌聲徹明河東壁寒閑雲紛落如栩顧我欲乘之入天路

元詩

遊靈巖題壁　趙文昌 字明叔濟南人至元初長清縣尹官至國子監祭酒

路入藤陰石徑凉馬頭遥認贊公房兜羅天近雲煙濕婆律風清草木香紅鶴飛來山隱隱玄猿啼罷月蒼蒼窮探自是平生癖柱杖直須到上方

再至靈巖有感

絕頂松風洒醉顔潘興鶴髮憶平安十年留得題名在淚濕秋雲不忍看

春遊靈巖　　　王懋德 高唐人中書左丞

拂却紅塵上翠微天風吹煖入春衣逢僧欲問西來
意雲滿松巢鶴已歸

重遊方山　　　圓照 號復菴少林僧也

再到靈巖古道場儼然喬木蔽雲房十分山色四時
好一味松風六月涼老樹掛藤侵石壁落花隨水入
池塘主人乞我禪牀臥夢裏猶聞天上香

游山漫興

年來乘輿一閑遊直擬尋山山盡頭之字水從斜澗

出羊腸路到斷崖休古藤依倚巖前樹老木侵欹澗
下流啼鳥催歸日將暮林陰撲翠濕衣裘

遊靈巖寺　杜仁傑見前

澗氷消盡水聲喧山杏開時雪滿川老木嵌空從太
古斷碑留語自前賢蓬萊不合居平陸兜率胡爲下
半天金色界中無量在可能此地了殘年

遊靈巖寺　郝經陵川人至元中翰林侍讀

岱宗西北馳倒卷碧玉環岳靈秘雄麗勢欲藏三山
初從谷口入兩崦爭潺顏漸疑下地底細路深屈盤

仰視覺天窄石井攢峰巒陸海沙刼開突兀仁王壇
桐鯨吼西風棟宇横高寒石龍噴清泉洒落几案間
修竹掃山色瑩綠穿雲根丹鳳饑不來寂寞青琅玕
上方在天上下視無塵寰空霏鎖霜樹翠錦蒙朱殷
西日廻清輝輕僉滿煙鬟何時脫世網挂席高盤桓
靜竟求初心滌慮驅萬端向晚煙霏合更欲窮躋攀
路斷不可前矯首重一看

題靈巖古風　　張鵬霄　泰定中肅政廉訪使

東南岱岳臨碧天大雄寶刹方山前郁郁祥雲鎖樓

閣涓涓甘露滋金田鶏鳴山東獨公嶺雙鶴水貫黃
龍泉香山一帶如畫屏嵯峩寶塔穿雲壓鳳香棲樹
薝蔔花月白水襯芙蓉蓮敲鐘讃頌振金韻錦幢降
結紅霞懸庭前栢子開天香枝枝葉葉尚榮鮮葛藤
老樹依石壁奇花異草生巖巔山水蠲除名利心淡
聲能洗煩塵煎梵宮勝境知多少筆絕不盡何能宣

咏靈巖方丈竹　郭震　古豐人

北山堂上竹如椽名榜虛心合自然幻出六根離色
相悟來一點照虛圓拔塵高節空生白撼月清音妙

入玄冰雪相看無一語箇中消息更誰傳

留題靈巖方丈　劉賓　淄川人

東望蓬萊類玉霄暫遊此境慰徒勞人天殿閣移兗率福地雲烟接奉高石溜供厨來淅瀝山屏障寺矗周遭老僧自得安禪趣笑我紅塵滿綠袍

其二

煙嵐何處鎖禪關窺管時欣見一斑雖是往來皆道路不知咫尺隔江山水中現月猶蹉跌火裏生蓮豈等閑珍重松花湯見齊舌根甜相為君還

贈堂頭長老　張蔚 天曆時人

好山罨圖畫流水鳴瑶琴野鶴馴洞曲老猿嘷松陰中巖隱名寺巍峩雄古今琉璃瑩金碧樓閣突隅岑修然佛氏子世事那能侵兀兀有真趣泥絮定禪心我來從一謁肅爾清塵襟飄乎欲高舉幻覺極幽尋目俯三千界超出白雲深寧愧無佳句聊寄遊觀吟

寄讓公長老　張淑 至順時人

崢嶸樓閣翼飛騫勝槩傳誇泉口喧泉味溢甘雙鶴瑞山形呈秀二龍蜿

其二

上方境界埃塵遠絕景亭臺竹樹蕃鐵作袈裟深有義後人於此要淵源

偶題靈巖清凉境界

薩都喇 號天錫蒙古進士後至元時官京口參單

今日清凉地明朝洙泗心酒堪消客况泉可洗塵衿佛古荒苔蘚林深緑陰樵歌山路晚餘興付歸禽

遊靈巖應夢

張士明 金山人至正初長清縣尹

清亭忝民牧倐忽兩月餘懇惻舉詞訟倉皇行簡書

深秋勸農事東馳岱宗逢有山忽北轉宛然梵王居蘢蘿隔煙樹經閣參浮屠林巒類拱抱澗壑如交趨松風振巖谷石泉流庖厨峭壁龍蛇窟懸崖虎豹區野猿啼町疃海鶴舞庭除僧閑看貝葉客至剪新蔬勝景躋壽域禪房列周廬山前回首望一夢枕相符

靈巖方丈與僧話舊三首　傅亨　至正中翰林編修

秋晚登臨上岱宗扶筇來此謁崆峒閑雲送雨過深澗老鶴將雛度遠空白石清泉心未了黃花紅葉思無窮携書歸隱知何日坐想青山入夢中

其二

慈恩塔上題名後京國分携十四年夢想故人詩句裏坐看黃菊酒杯邊停雲靄靄秋容淡落葉蕭蕭客恨偏獨倚禪房重搔首又鞭歸騎過前川

其三係續遊之作

石逕穿雲雨意凉乗軺重過老僧房門前古栢凝新翠巖畔幽花散異香鶴舞雙泉春水綠龍歸深洞暮山蒼禪心久矣無拘礙笑我狂遊去遠方

遊靈巖寺

李岳 至正中肅政廉訪使

上方重閣喜登臨山氣霏微向夕陰棲鳥伴雲歸寶塔落花隨雨散香林清泉脈脈流名古蒼栢森森閱歲深一扣禪關觀衆妙更須何地豁幽襟

重遊靈巖

望岳已云遠有山尚相連崎嶇轉谷口井井皆澗田重來路不迷但覺時易遷夾逕綠陰合垂枝紅果圓清景罕人到幽禽方自喧上人偶識面問我來何邊官事豈容話揮漢漱新泉昔行嘗憩息茲遊復周旋竹風散殘暑幸此中堂眠秪恐明晨去欲住恨無緣

遊靈巖　董摶霄 中書左丞累建平寇功勳

靈巖迴異出塵寰歷盡江南萬萬山自是高人占勝地閑來無事一參禪

宿靈巖

靈巖古刹舊山場一望令人萬慮忘鐘喚宿僧投客舍水緣架木到廚房月臨夜榻松庭冷花落春風石澗香便教來人凡火盛不由心地不清涼

過靈巖寺信宿而歸賦詩以記之

王思誠 魯郡人官禮部尚書

招提幾千載異記凡三遷十方種福地羣生布金田
梵宇架崖側僧舍開澗瑞團圞五花殿千佛環周圓
龍藏萬年笈珍襲貝葉編虔恭奉坤媪棲息供帳鮮
中堂列祖師葉葉燈相傳鐘閣雄踞地寶塔剩高天
供花散香靄孤樹生祥煙一泓匯甘露兩地分鶴泉
昕夕振粥魚比丘指百年岌業朗公嶺仰摩靈巖肩
崔嵬鷄鳴峰高並方山巔玲瓏透日巖白晝光明穿
東北有天門泚溌開闢先空空石龜殼鑿鑿其拾掦
錚錚鐵袈裟誰披誰弃捐犂筭隔籬迸紫藤附枝纏

靈巖志　卷之三　二十七

翼翼絕景亭虛室僧座禪龕中仰明佛石像猶天然
勝槩甲天下風物極幽玄古今富題咏墨跡多才賢
豐碑缺片石長文間斷篇我昔遊五頂親駕曾留連
今來得佳處更比清涼全徧覽不知返身輕步履儇
生僧頗相愛下榻敷重氈飽我香積飯姿我迷軒眠
喬松嘯海鶴芳林啼蜀鵑骨冷耿無寐風清窗月娟
便欲留此隱未了塵俗緣信宿下山去再行東海邊

留題靈巖方丈　　張會宗 江南人元末官秘書丞

人中令德居高地天下精藍昔好山四絕名標清世

上十方僧聚白雲間二龍珠照看經靜雙鶴泉供洗
鉢閑早晚利榮韁鎖脫性通三教扣禪關

靈巖志卷之四

藝文志三

明詩

遊靈巖寺　胡濙字源潔，武進人，永樂中進士，官至尚書，宣德中任用大臣，與三楊張輔齊名

嵯峨寶刹勢凌雲，天下三巖迥莫論。白玉爲臺無縫鑄，黄金布地絕纖塵。春風花草禪林秀，夜月溪山景物新。想到舊遊棲息處，貝多翻罷答皇仁。

題靈巖寺　陳甘雨福建人，郎中

三年曾欠靈巖債此日更宜東國遊世界百年渾是幻人生何事覓封侯

又　　朱天俸 河源人戶部主事

得便觀山便悅神支離何歎未閑身捫蘿已到諸天上不是山僧也出塵

方山積翠 共八首　　金鼎 濟南人宣德中戶部主事

靈山削出玉芙蓉絕勝江南天印峰最是雨餘堪畫處嵐光秀色自重重

甘露澄泉

雙鶴飛來地湧泉名題甘露至今傳涓涓一脉流無
竭直與滄溟巨派連

鏡池春曉

堦下方池石甃成天然古鑑更澄清林僧照影春初
曉應共禪心一樣明

明孔雪晴

徃僧昔日憩巖間靈迹千年尚可攀雪霽扶笻閑眺
望烟光咫尺見他山

青樓遠眺

危樓高閣接雲端此日登臨倚畫欄四面好山看不厭詩成與客且盤桓

默照幽吟

堂開默照幾經春覺老遺文刻尚新此地更無塵俗到都將清興付詩人

松齋皎月

長松偃蹇似龍蟠翠色偏宜雨後看幾度幽齋人不寐夜深稍上月團團

竹徑晚風

數箇琅玕布夕陰凉颸拂拂淨塵衿當年蔣詡開三
徑何似山家得趣深

遊靈巖寺　王　允 字執中歷城人正統中進士官至左布政使

靈巖絕頂曉雲開露出仙家勝景來偃蹇蒼松藏殿
閣潺湲流水遶樓臺青山隱隱朝還拱朱雀翩翩去
復回半點紅塵飛不到登臨恍若在蓬萊

早春過靈巖宿方丈　顧　英 寧波府人正統中左參議

白雲堆裏訪靈巖詩景悠然興所耽濟水遠連天上

下岱山高出嶺東南松聲落枕風生徑竹影廻窗月過簷却喜老禪心似石焚香清夜坐蒲龕

其二

鷄鳴山下靈巖寺文室虛明絕點塵雲過紺崖龍藏出雪消陰澗鶴泉來樹頭啼鳥春光早竹裏疎鐘曙色催珍重老僧偏愛客謾揮如意說三才

奉和前韻　張用瀚古宛人刑部主事

方山古刹勢巖巖乗興來遊樂且耽看鶴繞方臨殿北觀泉又復過山前煙生石鼎香飄席月轉松齋影

到簷自是老僧春睡足坐宜偈語對禪龕

其二

古寺名山實壯哉無邊佳景絕塵埃仙花向日舒還卷野鳥啼春去復來到枕鐘聲風外度侵堦草色雨中催勝遊此際多清趣詩就何慚子建才

遊靈巖寺　　周鐩正統中東吳人

路入靈巖一徑通白雲深鎖梵王宮園林搖落秋風裏殿閣參差夕照中塵慮盡消諸品淨禪心初定萬緣空我來願結廬山社走筆題詩寄遠公

留題靈巖　　許彬　東魯人正統中翰林院編修

古刹幽深有路通四圍山擁繡芙蓉曇花尚逐馱經虎靈雨常隨聽法龍東澗水流西澗月上方僧定下方鐘五花新殿凌霄漢畫拱雕甍幾百重

其二

面面峰巒紫翠連白雲深處有人煙落花泛泛流雙澗古塔巍巍出半天勝地連山三百里名師卓錫幾千年壯遊不盡登臨興揮筆成詩付太顛

留題靈巖　　范希正　蘇州人

一徑縈廻入薜蘿浮圖梵宇勢巍峩地緣淸趣塵凢隔境誘遊心車馬多雲斂晚山橫玉案月明秋澗漾金波我來爲禮圓通像風景依稀似補陀

靈巖道上　　薛瑄（字德溫平陽河津人正統二年山東學道景泰中由南侍郎轉北大理卿其忠正剛直方之汲黯謚文淸）

路入山門景便幽高風不斷石林秋照人霜葉紅於染拂袖嵐光翠欲流幾過野橋橫絕澗遙從古剎見

高樓北峰真與天相接更擬攀躋到上頭

遊靈巖

靈巖有路入煙霞臺殿高低釋子家風滿廻廊飄墜葉水流絕澗泛秋花青松閱世風霜古翠石題名歲月賒誰謂無生真可學山中亦自有年華

宿靈巖

梵宇深沉夜景遲僧房禪榻果幽期竹鳴虛牖風過處霜落寒巖月上時紙帳燭光團白玉石爐香燼靄青絲紅塵馬首明朝別只恐山靈解勒移

靈巖行

徐有貞 都御史景泰五年祭泰山過寺所題

靈巖奇絕聞天下我欲遊之久無暇年來沛水功已成導山過此聊停駕手托天書登上方上方金碧生輝光回旋弭節祇樹傍問誰建此古道場後睹獅子前象王文殊普賢相頡頏山開由法定松偃自玄奘法定安在哉況彼希有之如來既不見兩虎馱經去又不見雙鶴隨錫回但見白雲千萬堆欲動不動空徘徊金色界中多寶塔青蓮社裏九層臺九層多寶

塔曾經幾塵刼黃龍蟠伏鉢盂水碧苔繡盡袈裟鐵
嚶鳴有鳥似頻加步步香生薝蔔花雨紅風翠飛滿
路路迷誤入山人家泉斛明月和流霞茶烹蒙頂先
春芽中分三十六禪院最好無如五花殿圖畫天開
當四面面面奇觀觀不徧屬茲清和節春物方駘蕩
復多繡衣人相從共清賞主僧名至瑄精進如惠朗
殷勤供香積招邀到方丈陰陰閟修竹稱我酒酣來
此宿西峰夜聽天鷄唱東崦朝窺海烏浴可憐清賞
殊未足無奈塵緣苦羈束何當了却公家忙來與松

子同翱翔飢飡紫玉英渴飲甘露漿後天不老凋三
光即此便是無何鄉何必泛海求扶桑

同徐士弘遊靈巖唱和　賈　恪 天順中山東參議

東嶽有招提遠在翠微上一旦偶相過肩輿歷草莽
雲外扣玄關隔水緣幽澗藤蘿閒無聲時聽松風響
勝境何幽棲虛堂更軒敞默坐幾高僧跏趺常偃仰
定裏悟禪機歲久絕塵想我輩儒者流而豈虛無尚
但欲濯塵纓故此來同賞興盡聯轡歸雅懷猶怏悵

和前韻古風一篇　徐　毅 字士弘西安人天順山東僉事

招提近接岱巘在兜率上松瀑瀉巖阿僧鐘度林莽
維時屬春深閑花滿幽澗風遞草生香雨歇泉流響
旣托勝境幽更愛山頭敞而我吏隱人心精恒馳仰
茲晨忽來遊飄然絕塵想慨彼碌碌徒虛名是崇尚
終歲勤于公負此山林賞緬惟林下士臨風倍惆悵

又成絕句十首

羣峰環繞送青來一段天然圖畫開四絕景爲天下
冠休論雪竇與天台

其二

山靄霏微石徑斜上方臺殿寂無譁春深尚有殘紅跡知是優曇第幾華

其三

清絶其如有此山只疑蓬島在人間偶因巡歷來發覽偷得浮生半日閑

其四

盤旋曲徑遶羊腸歷盡重岡見上方況是清和三四月百花開遍滿林芳

其五

登巘層巒路欲迷白雲深處是招提停車日晚忘歸去坐向林間聽鳥啼

其六

四面山開翡翠屏碧梧修竹兩亭亭老禪定起推窗坐自啓琅函謾誦經

其七

甘露泉香徹底清濟南郡誌著佳名欲窮派脈來何處更上蓬萊頂上行

其八

攀蘿躡險上雲梯香霧空濛欲染衣林下晚來堪畫
處方袍錫杖一僧歸

其九

絕景亭荒淹歲月般舟殿古幾春秋老僧指點從容
說索我題詩紀勝遊

其十

一宿山房信有緣塵囂滌盡思飄然却慚身外牽纓
冕未得頻來試問禪

遊靈巖絕句　郝淵 天順時監察御史

靈巖形勢古來奇秀麗巍峩天下知若得公餘經此
地明朝不必往東西

題靈巖寺　　薛希璉　括蒼人成化初巡撫山東僉都御史

齊魯觀風處靈巖景最幽四圍山疊嶂一徑水縈流
宮殿浮蒼翠文章煥斗牛紅塵無半點清趣豁吟眸

和宋僧仁欽靈巖十二景詩　　孫瑜　歷城舉人成化中太平府通判

置寺殿

形勝天然遠俗塵經營寧計往來頻已從老衲西歸後幾度傾頹幾度新

般舟殿

寶殿巍巍振古風般舟誰號意無窮從離苦海登慈岸普濟群迷勝有功

鐵袈裟

誰將寶鐵鑄僧衣知是禪家寓妙機千古遺來紋已没至今人到識應稀

朗公山

揷天崛起一危峰遥望如人整巨容聞道郎公曾此
過至今猶說是遺蹤

明孔山

萬仞巔崖連泰岱中間一竅自光明誰能悟得團圓
意不惹塵寰利與名

絕景亭

四面雲山列畫屏泉通竹底水清冷遊觀曾費騷人
咏謾道乾坤一草亭

甘露泉

巖畔涓涓徹夜流爲霖會應下方求燒來新筍烹新茗清沁詩脾沆瀣秋

石龜泉

巖石碧來作巨龜不將靈應兆稽疑春泉噴向蒼筠苑入貢先滋筍似錐

錫杖泉

泉響猶疑卓錫聲法流不斷湧來清滔滔自向厨中去天意分明似有情

白鶴泉

白鶴飛來不計年却將遺跡號雙泉清風兩腋休飛去汲煮香茶味更全

鷄鳴山

業障偷兒心性乖貪求不解禮如來山頭半夜鷄聲唱喚醒翻登般若臺

證明殿

證明殿宇向離明山勢崔嵬似掌平自是上人功德勝金仙有感鑒修成

靈巖道上　　司馬垔 紹興人成化中巡按御史

山擁溪迴露氣凉使軺深入白雲鄉未容癖性如靈運已覺奇蹤似子長苔徑晚風松子落石田秋雨荳花香迂踈本是林泉客到此都令萬慮忘

宿靈巖

旌節侵晨出泰安珙園日暮得盤桓切雲危磴捫蘿上嵌壁殘碑秉燭看野性自宜僧榻靜緇衣偏怯亂峰寒明朝且莫匆匆去絕頂從容一縱觀

覽勝

靈巖初有寺歷世幾千年殿宇迴墻嶂樓臺擁碧天

塔高偏得月碑古欲生煙駐節幽深處應知是宿緣

留題

成化天王紀皇明戊戌年偶携清勝友同訪泬寥天
几席涵山月軒窗鎖澗煙蒼生候霖雨棲息定無緣

遊靈巖寺　傅鎮 福建人成化中巡按御史

丹壑開靈宇紅塵隔上方撞鐘因客至披衲見僧忙
緣假花宮栩吟分寶殿香環坡金作嵌轉徑玉爲梁
蘿洞秋能碧松崖晚更蒼泉甘真比露樹雜半垂楊
塔倚鵬霄外池深錫杖傍穿雲尋古蹟看碣立斜陽

磬盡僧歸寂星臨佛借光所欣瞻依近下爲禮空王

遊靈巖倣古五篇　陳　鎬 金陵人成化中提學副使

靈巖久入夢道遠不可攀巡行忽停轡引道雲霄間
層臺疎孤塔四面羅烟鬟指點壁上題今古半苔斑
斯人竟安在一往歲月閒此意當語誰松風瀉潺湲

其二

予豈丘壑士每有烟霞想況茲佳勝處興到咸獨往
振衣一舒嘯千古發幽賞竹泉遶青壁霧雨翳林莽
不聞雞犬鳴時發鐘磬響超然會夙心福地信肅爽

其三

捫蘿上東巖石磴羊腸曲鐵古袈裟冷苔蝕龜趺沒

漱齒甘露泉傍有萬竿綠小憩神魂清寒翠雜鳴玉

安知古高人此境不遺軸精爽迴難招題詩寄幽獨

其四

薂遊亦稱快天寒春未深不見桃李花但見松檜林

桃李改顏色松檜常陰森山靈若子契清風散遙襟

箕踞坐盤石一笑千載心寄謝後來士山川無古人

其五

客眠借禪榻隔窗風雨聲江南讀書處感我當年情
雲霄岐路多歲月波浪驚聯離傷骨肉泥蟠嗟友生
迺知皓首心靜極更分明中宵始成寐幽夢到江城

再遊靈巖五言律共賦四首

塵心吾亦淺勝地此頻遊詩記舊題處山登最上頭
椒林寒帶雨琪樹晚驚秋佳伴青雲寄鐘聲話未休

題摩頂松

西巖禪宇肅嘉樹翠當門林影虧仍蔽濤聲靜亦諠
風霜披萬葉鐵石擁孤根老衲摩掌久唐僧典故存

獅巖登眺

佶曲東峰路山坳忽有臺盡頭青樹遶當面白雲堆

濃淡良工筆荒涼潤酒杯清緣如來到皓首約重來

默照堂聽笛

不受人間曲禪堂一笛清落梅頻入調折柳更含情

夜罷諸山梵秋分萬籟聲地幽潭宿靜莫遣老龍驚

靈巖行

王越 濬縣人山東按察使成化中官至掌院都御史武功封威寧伯

前山俯伏如象臥後山蹲踞如獅坐東西朝拱朗公

山路接鷄鳴山下過中間掩映梵王宮五花寶殿高玲瓏石門深鎖觀音洞峭壁斜生摩頂松松枝遥揖天門樹老僧始創開山處面前湧出甘露泉流將香積厨中去香積厨中錫杖泉黃龍白鶴相通連又添平岸池頭水淨洗菩提種福田一重流水一重竹竹邊盡是山僧壘上方下界知幾重銀杏紅椒滿空谷山僧汲水煮新茶茶罷焚香看佛牙莫言此事若虚誕請君更看鐵袈裟袈裟不染世間塵花落花開春復春長碑短碣題名處半是當人半來人感懷我與

觀風客興闌舉盞燈前說今來古往自興亡依舊靈
巖稱四絕曉來紅日照簷楹明孔光分曙色晴千尺
浮圖清有彩半空類鼓寂無聲[illegible]朝看盡山如畫爲
鬪山靈多少價明春借我山上雲散作甘霖濟天下

留題靈巖　張　惠　太原人監察御史

亂石斜橫曲徑幽繚雲飛繞寺前樓巉巖松老洞常
掩竹院泉香水自流千古名山容我到百年清興許
誰收歸鞭又促行春馬孤負禪僧著意留

兩至靈巖　蔡　晟　睢陽人

遠賚丹誠拯亢焚暫投名刹息塵紛巉巖雨過苔生碧曲徑風來草欲熏甘露有泉能漱玉老松摩頂鶴巢雲煩襟滌盡天光發爲篇新詩紀所云

其二

一抹嵐光翠鬱紆靈巖深處隱浮圖路盤蛇虺人林莽松偃虬龍欲湧鬟寂寂僧房登彼岸茫茫慧海隔迷途重來獨覺心神爽悟得菩提與道俱

宿吝竹堂

謝顯 會稽人監察御史

空廊月轉蕩晴輝鷄犬無聞更漏遲清氣逼人眠不

住呼童燒燭漫敲詩

其二

禪房不植奇草木惟有蕭蕭數竿竹江南無處無此君此地見君殊不俗

題靈巖方丈　葉　晃 會稽人成化中布布政使

招提一望入青冥到此方知地有靈佛爪流輝鷲鶴夢山泉吐氣帶龍腥松根據石陰垂地竹影當窗翠滿庭況是高僧能愛客遣花座底侍文星

其二

萬山深隱梵王家白象逢秋又着花露柱幡幢飛鶴雀貝多文古動龍蛇林間法座飄香雨竹裏僧房掩落霞自愧聖恩難補報何年來此候南華

靈巖紀遊　徐　源 成化中都御史

黄昏騎馬入山來侵曉登臨景色開島嶼迴還樓閣聳秪疑人世有蓬萊

登臨漫興　王　玹 鹽山人成化中巡按御史

靈巖大寺古來幽瑞靄紛紜舞翠樓山嶺巍巍環殿閣露泉滾滾繞松流森森青竹猶堪愛淡淡祥雲却

自由到此忽觀僚輩韻强成詩句爲僧留

和王繡衣韻　朱義和　仁和人長清縣令

驄馬頻嘶野徑幽祇園駐節上層樓威儀山嶽貎無跡氣肅江河水不流天樣吟懷星斗布海般德量浪濤收登臨未盡觀風興更和新詩石壁留

奉詔祭闕里過宿靈巖　李傑　東吳人弘治初翰林學士

東魯人傳有洞天峰巒入望已巍然雲迷谷口疑無地路轉山頭忽有川幾道泉源分綠淨滿園椒顆綻紅圓梵王宮殿雲霄裏隔嶺鐘聲出暮烟

其二

石徑盤廻澗谷深倦遊吾愛此登臨靈巖秀拔天排戟色界宏開地布金僧舍真從方外住詩人如在畫中吟名高四絶應無忝直上雲梯一賞心

其三

山僧導我陟岧嶢勝景無窮應接勞深澗千尋衝地裂層崖萬仞插天高修篁叢傍泉源茂老樹根蟠石罅牢幽僻似與人間隔晚來空翠濕征袍

其四

重巒絕壑路欹危薄暮追遊趣更奇窣堵迭來經幾刼袈裟鑄就是何師古墳幽隧如蹲獸慶殿遺基只伏龜雙鶴亭前泉最冽下山一酌洗詩脾

和李太史韻　　邵　賢 宜興人山東提學僉憲

重來又值菊花天約伴登臨意豁然燬簇五花高插漢泉名雙鶴瀉成川靈巖上聳千尋翠明孔山盧一鏡圓試問谽谺山下洞何年鬼斧鑿蒼烟

其二

疊嶂層崖窈更深肩輿日暮上方臨僧留聖跡衣傳

鐵佛勝莊嚴像鑄金山入紫霄飛鳥避雲生古鉢伏
龍吟我來聽說三生罷頓覺浮名已息心

其三

盡道茲山景最饒躋攀寧借片時勞風傳鈴鐸僧寮
迥雲擁香燈佛塔高竹蔭石牀臨澗靜蘿緣草閣倚
崖牢巖深日暮嵐霏重頓覺寒威襲布袍

其四

上方臺殿勢傾危霜染稠林峰更奇掬水聞香知勝
地開山卓錫有名師龕前寶篆浮金鴨樹底流泉出

石龜試取清泠淪佳茗會須七椀滌吾脾

登覽靈巖　俞諫　桐江人弘治中長清尹官至掌院都御史

浮蹤漫點白雲堆一段幽奇取次裁石立層崖獅吼伏池分雙露鶴飛回松壇夜靜僧敲月竹榻庭空風掃埃勝月徘徊不知去恍疑身世是蓬萊

其二

山僧延我上方遊萬壑松風滿院秋清挹石泉塵思闊昧餐雨蕨客情幽也知勝覽非常事須信靈巖不

久留明日公庭設回首數重青嶂月華浮

登泰山至靈巖　戴　珊 字廷珍浮梁人官至尚書

泰山登罷憩禪林槖草斜陽一徑深玉樹障樓幾近塔青幢環洞引遙岑甘泉細竹無塵燠妙翰雄詞有古今我亦虎溪尋舊社江湖廊廟正關心

弘治癸亥二月宿靈巖寺有懷平軒兄不同茲遊之勝因次蘇穎濱先生韻以識歲月且以寄平軒兄　李　貢 字惟正號舫齋西平人副使

嶒嶧經頗多奇秀未有底徑轉峰巒合巖幽煙霧洗

樹古盤長虬泉流滙清泚虛竅似鑚鑿仆石若拜稽
龍唇源莫窮觴背旌先啓暮作下界遊晨期上方觝
曹溪豈天竺鍾乳即甘醴浮屠據形勝閣道峻堂陛
已分謝簪書稍復給傳米蕭蕭風竹聲兀兀塵埃體
緬懷平軒兄不共觴齋弟安得縮地來同食春洲薺

靈巖之勝甲于齊曾蘇潁濱先生舊題石刻尚
存余弟憲副惟正公巡過之因和其韻錄以寄
余余恨不得同斯遊也乃亦和其韻復之俾惟
正刻諸石異他日尚償此願云

李　贊 字惟誠號平軒貢之兄陝西布政使

我生好幽尋幾敝青鞋底傳聞靈巖勝未到胸已洗
萬疊羅睛峰一泓溜寒泚山孫杜陵咏石丈米翁稽
松深鶴巢囥日出林扉啓雲間梵鐘落海外慈航艤
鷲峰何盤旋天竺此堂陛禪厨引溪澗齋供謝牲醴
居僧獲地利終歲足薪米粗知奉三乘詎解勤四體
詩來忽技癢欲往借吾弟擾擾各利場鬧心帖如薺

靈巖行　沈鍾 金陵人

靈巖蒼翠莽相連秀結鴻濛未判先寺閣峰巒棲草

樹搭撑霄漢倚雲烟暫離塵網心夷曠徧踏廻廊步
折旋景屬品題非孟浪人兼吏隱是神仙曾看色相
諸天近却愛松筠晚節堅醉輙臥當龍洞底笑應忘
過虎溪邊豈緣往乞齋時飯誰看來参定裏禪倭佛
試將梁武闢好遊誓與子長肩馬蹄蹀躞行徧穩口
吻推敲句轉妍巖也有靈垂不朽乾坤幾度歲逾千

和沈金陵韻　趙鶴齡 盧陽人 副使

寺置方山泰嶽連古稱四絕此居先丹崖赤壁凌雲
漢飛閣層樓帶雨烟明光恍如暘谷現特輪疑是澤

天旋鷄鳴嶺上消行聽獅臥巖頭伴隱仙竹挺萬竿
君子直松盤千歲大夫堅甘泉不飲持風度寶塔頻
登望日邊椒摘東園堪助鉢禾收南畝足安禪金人
固不三緘口鐵衲曉能一舉肩經歲杳無炎伏至遇
春偏覺物華妍題詩獨記登臨興未論浮屠說大千

遊靈巖

章忱 會稽人弘治中太僕寺丞

泰嶽信綿邈茲山亦盤結何年抗層構聳飛鎮巖穴
啓扉面重巒開軒望雲闕混混甘露泉皎皎水玉潔
回瞻極迢遞凌步多曲折周覽盡靈秀久矣稱四絕

性靜形神舒景勝氣垢滅高懷自夷曠對此方洞徹

次蘇穎濱韻　王守仁 號陽明餘姚人弘治中典山東鄉試正德中官至南贛巡撫以武功封新建伯

客途亦幽尋窅窱穿谷底塵土填胸臆到此乃一洗仰視劍戟峰巑岏額如泚俯窺蛟龍窟匍伏首若稽異境固靈秘玆遊實天啓梵宇適巖壑簷牙相角觝山僧出延客經營設酒醴導引入雲霧峻陟歷堂陛石田惟種椒晚炊仍有米歸燈坐小軒矮榻便倦體

淸幽感疇昔陳李兩兄弟侵晨訪遺跡碑碣多荒蕪

詩寄靈巖聰上人　尹旻　字同仁歷城人官至吏部尚書

遠公厭塵世棄我歸天台險韻誰人和幽懷何處開
獨憐千里月空照一庭梅幸有聰師在時常問信來

留題靈巖　許逵　固陵人正德中山東僉憲陞江西副使同操撫院罵逆濠忠臣

日久兵家事禪林倍覺淸肩輿尋勝跡古壁看詩英
山水乾坤別雲花眼界明靜中仙樂細飄忽到遂瀛

宿靈巖五言一律　柴奇　崑山人

夜宿山中寺超然思脫塵坐來常似晝浴罷煖如春石炬光微滿村沽味更醇欲尋三過約及早乞閑身

別靈巖七言一律

十年心賞靈巖寺匹馬西風此度來幽鳥有情鳴翠嶂斷碑無字沒蒼苔泉聲細與松聲合雲影遙連樹影開不盡登臨無限興匆匆又下上方臺

遊靈巖寺得詩二首 李遜學 號悔菴上蔡人正德中山東提學道副使

萬山回曲控招提古木高撐碧漢齊助籟有聲松鶴

暝聽經無恙嶺猿啼禪參老衲心如悟夢落浮榮境
尚迷試向空王聊借問有誰曾到竺天西

其二

亂流激石響潺潺一路花香草色斑碎剪黃雲人刈
麥橫分青嶂客登山鳥啼芳樹撩詩急鶴伴高僧盡
日閑遊騁不知天已暮滿空明月落溪灣

靈巖道上之作　秦金 號鳳山錫山人正德中山東布政使

寺古山偏靜林深徑自賒半空銜殿閣萬壑漲煙霞

翠篠含風細寒流抱澗斜短吟成獨賞清絕興無涯

遊靈巖寺留題

何處招提景最多萬峰如畫鬱嵯峨雲移塔影摩霄漢風送鐘聲出薜蘿面壁幾年僧入定振衣千仞客登歌星軺曉發怱怱去塵海茫茫奈爾何

行靈巖道上

喬宇 正德中兵部尚書武宗幸南京扈從之功與梁內閣齊名

石徑依山轉招提出半空茂林銷春氣靈草度香風丘壑三生外烟嵐萬象中幽懷與景會得句不須工

靈巖次蘇韻寄李惟誠兄弟

鷲峰隱層巒路人從澗底時當新雨霽炎熱去如洗叢花發幽香鳴瀨瀉寒泚袈裟迎我前羅拜首先稽茲山古名勝巖扇爲予啓岩嶢肆躋攀幽險亦探舐飲以甘露泉渴腸酌醴夜尋前代刻左右雜堂陛偈言半隋唐題詠有蘇米忽覩故人篇亦復妙衆體渺然江南思却見爾兄弟詩成還寄渠世味忘荼薺

趨觀音洞

路入巖坳片石嶙突開三洞引重門雲深合有窮窿

頂天巧原無斧鑿痕鹿澗水聲流夜響螺山霞彩映朝暾旋披苔蘚題名字勝蹟重來許細論

中秋夜行至靈巖即事　陳鳳梧 號靜齋廬陵人正德中巡撫山東右僉都御史

百里山程徹夜行天宮助我月華明穿林燈影星河動鳴谷鉦聲野店驚齒石粼粼頻涉澗懸崖截截欲題名靈巖鐘鼓三更寺老衲倉皇出道迎

登靈巖有作

高巖虛靜透天光萬籟無聲月影涼千佛閣危凭翠

巘五花殿古識明堂泉流石竇眞甘露雲鎖煙蘿小

洞房境勝坐來塵慮遣[illegible]將心性問西方

其二

玉符千載記名山傳得[illegible]燈卓錫緣佛日巖光初霽

雨辟支塔勢欲參天繁松一[illegible]風濤靜立鶴孤泉月

影娟北望少林全寶地滿山[illegible]翠鎖雲煙

十八日再至靈巖紀事

戀戀靈巖不能舍肩輿枉道更重來山崖踞齒有時

見野徑黃花無數開明孔橫通天一竅郎公遙接斗

三台老僧指點還親切緩步微吟躡翠苔

其二

隔斷紅塵第幾重翠微深處杳無鍾凌空梵宇飛丹碧依坙僧房列蟻封壁上珠璣多石刻泉邊龜鶴半仙踪吾心本是山林客添得煙霞興更濃

宿杏竹堂次秦鳳山韻

四面峰巒紫翠多半空臺殿出嵯峨黃龍池杳藏雲雨獅子巖高翳女蘿古塔清風雙鶴唳空山明月幾樵歌禪林一宿成清夢明發東山奈別何

南征凱旋三登靈巖紀遊

仙境何期隔歲登上方臺殿碧層層春深翠竹聞慈烏夜靜虛巖見佛燈千里凱旋人似馬四旬清淨我如僧禪房經宿難成夢臥聽松風響塔鈴

其二

羈懷何處濯塵纓才到名山思便清鐘磬恍疑空外落石泉長向雨中鳴懸崖麗日千重秀古栢參天十丈橫壁上舊詩慙再刻漫將游覽記平生

將遊靈巖聞聖母南至雨夜趨長清宿故山館

王應鵬 寧波府人嘉靖初巡按山東監察御史

信息相將動明公豈卿臨發又迴懸秋風絕頂何人據齊雨長清且道窮變節池應隨地止一尊聊與故山同太平天子慈恩重敢歎浮踪類轉蓬

遊靈巖寺次韻于侁韻

東方使者乘朱轂使事不理胡祿祿憶昔青山臥已堅誰遣鴉鶻出空谷封書曾達九重天巨浸滿眇無秋田假令誅求猶未已不知短褐還清烟靈巖老僧訴且揖雲遊法子俱無迹自今生長八十年今年飢

饌允非前椒可千畝亦不熟唯飲一味甘露泉聞之
憐悵雙淚下古人懸政誰其亞悠然獨上兩高峰但
敞巖扉坐淸夜茲遊本欲恬苦辛寧知逸樂乃閑身
峰頭白鶴有高志不肯來依巖下人

別靈巖寺

落日靑天迥登樓面碧峰片雲翻絕壁疎雨過深松
塔自空中突泉於樹杪垂吾師知意遠脫屣卽相從

其二

木葉蕭蕭下鍾聲發翠微公車從此逝野鶴向誰依

颭草開山徑霜花拂繡衣獨憐今夜月猶照竹間扉

祀岱宗過靈巖　張　鵬　沁陽人嘉靖初選拔山東監察御史

古寺依名嶽幽奇絕世紛僧歸巖洞月龍入石堂雲

塔影空中見鐘聲樹杪聞諸天近高閣香氣裊氤氳

其二

岱嶽方祭畢靈巖此又來千林珠樹翠萬色雨花開

曝背龜初出耘田鳥卻廻浮生真幻夢且盡法門杯

題甘露泉　李學詩　號方泉平度州人

鬼斧何年鑿石根漱玉泉一瓢聊自飲甘冽最堪憐

遊靈巖寺　楊宗氣　郡人　參政

翠巘崔巍萬木稠珠宮貝闕在高頭長松蔭号諸天
靜古塔凌霄石徑幽世代文章留斷碣乾坤名勝即
丹丘邦憐塵鞅違僧定空對烟霞起暮愁

靈巖文蘇韻　顧應祥　吳興人山東布政使

平生愛看山探奇每窮底睠茲靈巖勝雙目更一洗
危橋跨幽壑新雨添清泚細流出相迓當門首頻稽
徧觀諸色相扃鑰漸次啓老松不知年形若虬龍觝
飛磴躡層雲靈泉酌甘醴直上證明巖如登玉皇陛

俯仰宇宙寬茲山亦稱米澎餘麋鹿資兕復多病體胡爲日皇皇遠父母兄弟談山豈不佳吳尊兕如彝

再過靈巖

紅塵擾擾客途長乘興尋幽到上方曲徑穿雲僧引路虛窗臥月石爲牀拂開蒼蘚看碑碣酌取清泉洗肺腸欲借僧房眠幾日可堪浮宦逐人忙

遊靈巖次蘇潁濱韻　鄭芸 莆田人監察御史

靈境迥通天禪心清徹底法經蛇虎馴身世雲霞洗雙鶴錫隨飛萬古泉自泚驅召自晉唐遠近時拜稽

香閣藏御書神龍護珍啓獅子橫空眠石羊如辯觝
歷代鐫祖稅禱祀足齋醴金燈照日巖鐵鑿鎮山壁
六月餘雪氷四時有菰米僧誦梵王經座趨六王龕
記盡張尉君詩稱蘇兄弟安得從斯遊探藥辯茶藉

陪侍御君登覽靈巖　王世貞 字元美號鳳洲太倉州人官至尚書

羣峰抱蘭若孤塔界晴空未沐菩提雨時聞薝蔔風
使星聊一駐佛日暫相同倘借支公馬長陪鮑氏驄

其二

徑折全疑盡峰廻陡自開蒼然萬山色忽擁岱宗來
碧澗傳僧梵青天落酒杯雄風別有賦不羨楚蘭臺

遊靈巖寺十二韻

兒語靈巖勝還驚忽道傍天垂孤剎出地轉萬峰藏
橋石鯨飛動烟嵐鷲渺茫山形界齊魯榜字接隋唐
虎坐俄拏攫虬潛欲奮揚胸留祇樹色春勒寶花香
伏水侵禪座歸雲護講堂慈篁深歲月忍草足氷霜
飽進茵陳飯眠酣薜荔房微吟和清磬步屧信廻廊
許探談誰解陶公醉不禁莫嫌車馬客爾亦困津梁

再遊靈巖十一韻

爲捨祇園竹名山結願偏登臨俛初地徙倚更諸天
不改芙蓉色微添薜荔烟松雲移叠嶂花語助鳴泉
芒屩青從引苔衣碧任穿井猶雙鶴落瀑似片虹懸
磬發僧歸定燈餘客借傳新茶收月供淨氈割霞眠
未即無生理聊追有漏緣空聞飛錫杖不見布金田
盡刼終成幻降心邁離禪秖應何所往一鉢付流年

遊靈巖次鮮于侁韻　吳伯明 古豫人嘉靖中巡按御史

東巡千里驅車轂康濟何能成虛祿我聞古寺名絕

勝乘興杳然入幽谷洞口窅窱豁有天懸崖倚石俯瞰田疇芳深深依花叅鐘磬泠泠度雲烟呼取老僧來相揖爲問茲山開闢迹指點殘碑空記年往事都付春風前洞天雙鶴歸何處獨上山頭試甘泉凭高暫憩松陰下未數東山相匹亞怳來秖得今日閑且對明月坐清夜問君何事底艱辛只爲浮名絆此身明朝攬轡又南去應被青山笑殺人

宿靈巖

李中 字谷平吉水人嘉靖中巡撫山東右僉都御史

夕陽臨古寺下馬宿禪堂老衲談甘露僧童捧炷香
山靈知說命由豫問羲皇坐待鷄鳴曉驅馳世路長

遊靈巖喜雨

三過靈巖不問禪長途暫憩枕雲眠靜觀塵外青天
月笑酌山間白鶴泉欲食飛蝗憐赤子喜傾霖雨候
豐年清宵野興渾無際一箇生生未盡前

祀岱嶽徑過靈巖　孫應奎 號盤峰嘉靖中山東布政使

鳥道通禪深更幽綠蘿香徑上方遊霞峰出樹雲間
瞑岱嶽中天望外收燈塔星辰光避斗杖泉風雨夜

潛虬（是夜雨達旦）明禪正切同趣拜未許山靈信宿留

次鮮于了駿韻

仰看羲馭飛朱轂感歎浮生何碌碌寺外青山世外心却緣公事來空谷松風洒洒淨壺天碧水漣漪滿石田疊嶂青圍幾十里斜照草樹浮蒼烟峰頭有僧如拱揖苔蘚袈裟多鳥迹形枯石老不知年朗然空記月明前禪心一片巖雲白佛性常通澗底泉曾聞說法雙樹下遠公去後誰當亞開關借榻憑竹房寒墻在戶鳴長夜靜[illegible][illegible]鈴自酸辛香火千年亦化身

高閣鐘聲深送曉覺來猶愧蚤醒人

陪祀岱宗憇靈巖寺用盤峰韻

魏良貴 號杉谷新建人 山東布政使

石磴盤空地轉幽花隨放鳥恣清遊峰頭嵐翠從天落谷口鐘聲到海收露浥金莖翔白鶴風含珠樹舞蒼虬道人餘力能邀佛揮麈談空竟日留

登靈巖寺

裴紳 蒲州人巡鹽御史陞提學副使

千佛古寺環山碧此日登臨愜所聞瑞鶴千年巢寶樹靈泉一派洗塵氛達磨泛海袈裟在支遁開山世

界分遙望翠微僧舍遍鐘聲朝暮下白雲

重遊靈巖二首

再度菩提境於時春又深衆峰攢寶刹一徑步雲林坐愛松蘿色時欣鐘磬音上乘如可得早晚欲相尋

其二

林靄州開合峰迴徑路分嶕嶢連岱麓清淨出人羣法雨來空界（是日微雨）天花散貝文時方憂旱切鉢底望風雲

夏登靈巖

徐紳（五台人監察御史）

五月靈巖寺霏微對雨看濕雲封石斷流翠落峰寒
孤塔明金藏諸溪淨涅槃百年雙慧眼空色竟誰安

其二

飛錫自何年相傳晉宋前藍輿今至我風雨下諸天
聽竺泉聲壯看山石樹懸遂公知姓字邀和白雲篇

遊靈巖寺　周瀚 廣漢人

松寺看山興有餘靈巖秀色上文襦芙蓉面面開青
玉蓬水迢迢繫白駒露井泉香雙鶴舞虹橋春淨一
鷗孤留雲高處凭欄久紫極飄飄天路紆

陪侍御遊靈巖寺　楊時秀　鳳陽人號禹峰嘉靖中山東僉事

春滿郊坰花滿程鸞旌繡駕曉風輕千山突兀排雲立萬壑迴旋映日明曲澗碧苔連野色幽林青鳥尋春聲倩誰去取梁園竹爲作靈巖賦上呈

其二

芳樹林泉照夕陽花間相對酒杯長芊芊瑤草侵斜徑點點銀河落上方鶴下蒼厓依石立龍迴金鉢共雲翔呼僧詭語無生訣閑與神仙漫抑揚

遊靈巖寺　劉隅　東阿人隆慶初都御史

掛冠久絕諸緣累，社杖來遊祇樹園。剩有雲烟留客住，專尋經義借僧翻。重闗翠巘蟠獅象，千載名泉自鶴猿。何必高峰出天外，好從初地問眞源。

留題靈巖　李松　長洲人隆慶初巡按山東監察御史

夏日公餘此暫休，天開圖畫爲君留。千巖雨過青猶滴，萬木風生翠欲流。更喜晚晴添野趣，還臨高阜遊更籌。三生石上眞奇遇，莫羨金閶有虎丘。

寺遇故人雨中話舊

南北相逢若有神，靈巖聊憩宰官身。山神預喜三仙

至故酒甘霖洗俗塵

宿靈巖寺與普香談禪坐久因考聲韻爲一鼓

琴　　劉應時　洪洞人隆慶中山東副使

七日馳驅千里餘浮生擾擾欲何如到來玉宇逢真果盡覺紅塵是畏途

其二

飛錫當年羡遠公何緣此日得相從憑君話我真如在誤指青山問老松

其三

細搜奇字探元聲直入無生悟有生萬刼總教歸一
盡却將片紙作前程

其四

袖拂白雲彈素琴幾回塵世遇知音試聽今日陽春
曲何似當年梁父吟

其五

偃息禪林夜氣清月明僧定寂無聲鷄鳴日出還生
事悵望雲林隔翠屏

書靈巖方丈一絕　李復初號對霍洪洞人隆慶中巡按山

東監察御史

好向山中靜練神練神先要練吾身疑身一落迷途裏那得靈根脫世塵

次前韻　黨承賜　太原人監察御史

名山登眺豁心神暫向禪關烈此身王事驅馳催候吏天涯踪跡又紅塵

又次前韻　喬端　唐谷人

宦遊千里倦精神牢落棲遲笑此身夜來偶爾尋禪榻便欲飄然遠世塵

秋日偕呂以道方伯遊靈巖長淸道中作

吳維嶽 浙西人提學副使

共向名山訪赤文莫言吏道遠仙羣豈無初服投玆
豹先把狂歌寄白雲石髓邀人秋未化桂枝爲賦古
曾聞前旌漸入煙霞色回首塵途隔暮曛

將至靈巖寄齋東同遊

天教好雨濯塵埃百疊巖巒曉霧開谷口馬蹄泉響
亂峰前雁影日光迴澗添三秀邀仙杖香散千花現
佛臺試問同心纔晃客攀躋可是證盟來

月下聞笙　傅燊 清苑人禮部主事

自古東齊地名山第一周雲峰成象巧石洞隔雲烟色韻飄深月清光響遠天臨風試一聽人坐綠溪邊

山前覽勝

臥象山頭一脉泉眼獅頂上老僧禪山環峰嶺如城郭莫道桃源別有天

靈巖方丈留題　陶欽皐 號吾廬子彭澤人萬曆中山東巡按御史

暮入靈巖寺高林帶月華不堪歌四牡聊得問三車塔影秋山靜泉聲石徑斜上方人不到留燭照袈裟

其二仍用前韻

結搭依禪定開兩轉法華山中遺佛土天上送經車苔徑青鞋滑雲軿白日斜不逢金地藏空鑄鐵袈裟

登證明龕

靈巖之巔石佛龕證明功德作麼叅石頭路滑向誰道踏遍天峰與正酬

次鮮于子駿韻

東行齊魯無停轂敢以王程歎勞倏新秋何處開心顔古寺尋幽到林谷側望懸崖俱揷天有如錦帳張

青田石室雲屯朝暎日松門月出寒生煙入門禮佛仍長揖却問開山已陳迹磨崖斷碣大唐年那知卓錫西來前靈巖眼底無雙境甘露山中第一泉會心不在山之下雲端海上何相亞且判一榻對殘更莫惜孤燈過半夜客子由來多苦辛微官縛我兀然身東西南北亦何有明月青山爲故人

遊靈巖寺六言二首　邊貢　號華泉歷城人戶部尚書

鳥鳴千樹萬樹雲起前山後山門外青山向晩雨中遊客西還鳥去鳥來盡樹屋前屋後皆山此地公然

絕勝而我樂矣忘還

靈巖行　　段顧言（燕山人山東巡按御史）

朱光熠熠燒晴午長途畏炎如畏虎大呼與偕送南
薰倏如兩腋生翰羽乘風一息來洞天洞門隱隱橫
碧烟詎云出塵學吏隱也應採藥尋仙緣有美二三
客酌我以斗酒彈鋏歌明月月出東山口醉來欲吞
明月液團團萬斛吞無隙我扳北斗問太虛太虛不
語心蕊如望望泰嶽巔遙遙思玉女鸞駕盍歸來授
我九玹緒九天無路思轉徃半天俄聽聲琳琅何處

王簫吽清夜縹緲不見愁人腸回首月殘人世悄白雲滿谷靜啼鳥偷得浮生若箇閑海日飛空天地曉

遊靈巖行　張一桂 辭侍人翰林院編修

野服尋幽興不違珠宮石室轉霏微雲間樹色千巖出洞口泉聲萬壑飛勝境恍疑金作地空堂猶見鐵爲衣捫蘿欲到諸天外無那前山已夕曛

萬曆元年正月十有三日遊靈巖寺賦詩二首　徐中行 吳興人進士

息駕逢初地揮毫及早春鐵圍蕤委 新銀壁削嶙峋

秀自分東岱開應得化人蓮奇仍類岳松古似經秦

堅悟移丹異泉知卓錫神笑恭金粟佛敢謂是前身

其二

列岫圍丹壑諸天出翠微雲霞明客路薜荔暗禪扉

御墨金爲榜神僧鐵作衣塔窺青漢上鐘裊白雲飛

揮麈深玄理忘筌了息機作卿逢慧遠日暮憺忘歸

遊靈巖寺　　楊巍　海豐人萬曆初吏部尚書

八十二翁長閑關爲尋知已到名山巖頭雲走如迎

客谷口花開似解顏鐘磬聲來天地外樓臺色入有

無聞老僧欲我留詩句松月滿空鶴未還

乙未十有一月將有中州之任再來靈巖與長清王明府敘別賦此　徐　榜　歷縣人濟南知府陞河南廉憲

雅愛靈巖勝三年兩度過逢僧識面少對景別思多絕巘連霄漢禪林映薜蘿留題詩興溢阿凍遜吟哦

賦靈巖二十四景排律一首

寺創南齊久山更岱嶽邊巉巖高捲日明孔遠窺天法湧金盤露神開錫杖泉袈裟遺此地衣鉢去何年竹篩千竿影松餘十里烟窮探般子洞長眺朗公臺

貝葉藏千卷雲根隱小禪寶鶏三嘐嘐瑞鶴兩翩翩
置寺高僧定般舟古佛舷白雲飛野洞翠栢覆崖椽
灑噴靈源水蝸涎斷石鐫菩提無色相盟證有眞詮
絕巘巒林逸浮屠星斗聯轉輪千刼盡摩頂一枝旋
騷客增吟興沙門雜管絃勝遊可再續俚句强成篇

送太府徐公中州秉憲憶別靈巖賦此

王　烈 長清知縣

百里驅車盤谷中山靈感德倍寵縱惟思闕道携琴
鶴未許黔黎挽玉驄絕巘固能留翰墨清泉無復煑

蕉萩堪歎人世刼萍梗屢學遊仙夜夜通

奉和太府徐公賦靈巖二十四景排律

梵刹遊來舊芳名今古連鷄鳴天上曉猿嘯洞中天
鉢洗黃龍水杖穿甘露泉魏朝猶立石唐宋亦題年
一榻邀新月半窗籠瑞煙手攀明孔頂足躡證明巔
拂日窺星斗披雲僭隱禪辟支常兀兀仙鶴自翩翩
輪刼泉無盡慈航自有舷五花浮棟宇千佛滿簷椽
翠栢依岩谷蒼苔護斷鐫袈裟能擺脫極樂得靈詮
烏鵲飛還息山嵐斷復聯豪吟忘却返暢飲不知旋

訟韻調絲竹鶯簧奏管絃臨行重戀戀回首寫詩篇

偕徐華陽劉梅沙遊靈巖寺寺有靈泉碑記先

太傅襄毅公撰者讀之墮淚

楊俊民 蒲州人巡撫山東右僉都御史

訪禪日午過林丘松桂陰森入望幽璇塔孤懸青嶂外梵宮深鎖碧山頭雲垂岱嶽梟梟散水接滄溟曲曲流闢道靈泉碑尚在風光蕭瑟不堪愁

其二

禪林開闢自何年高閣朱欄拂遠天雙樹影搖星斗

逝上方丹轉薜蘿徧山分石洞層雲暮風落松聲萬壑妍況是登臨同二妙採芝相傍夜深旋

遊靈巖寺　丁一中　丹陽人

石徑依微轉翠陰亂碑高下徧瑤岑摩掌尚有梁唐蹟瀟灑都無塵世心萬壑松聲空外響半窗竹色雨中深山僧況復逢支遁却悔名巖未早臨

其二

寶地遙連海岱陰繞巖笙磬入雲岑青蛇已沒迷初路白鶴猶來證舊心卓錫湧泉穿竹遠翻經飛雨落

花深虛堂未盡歸依願他日雙旌擬再臨

萬曆甲午仲夏駐靈巖遇雨

連　標　潁川人巡按山東監察御史

省方策馬過梵宮禾黍油油萬畝同趨毓物孳堪待雨天舒膏澤慰思虹瑤臺一洗苔偏嫩禹甸均霑稼可種祇爲歲荒頻蹙額喜逢今日卜年豐

遊靈巖寺二絕

彭夢祖　淮南人

四面岩嶢鎖上方飄來黃葉繞衣裳空山擊鼓鶴飛去惟有泉聲到竹房

其二

野草西風石徑幽，半巖紅樹與雲浮。偶來繫馬招提境，花裏經聲何處樓。

遊靈巖寺覩先人詩有感　徐琳 華亭人 運同

朗公飛錫處雙鶴尚回還十里松聲遠三生塔影圓簷牙攢碧嶂洞口瀉寒泉手澤靈碑古相看涕泗漣

留題靈巖方丈　光盧 歷城人 太康知縣

杖履逢花落招提已暮春王孫來避俗芳草自憐人飛雪泉光白斜陽山色新遠公吾所好結社願相親

重遊靈巖十韻　李化龍 大名府人山東督學副使

攬秀山全勝探奇客再尋慈雲開覺路佛日上祠林淨域三天曉空門十里陰忘機僧化石種福地生金高閣看人代方池閱古今鐵衣留幻相巖竇見禪心峰合窺天小臺高貯月深清泉雙鶴舞老檜萬龍吟閴寂消塵慮清虛愜素襟皈依欣有地慚愧未抽簪

萬曆乙未孟冬偶遊靈巖賦此

王禧 湖陰人

萬山叢裏簇煙霞別有人間度歲華雲護洞巖浮貝

葉泉流甘露沁心花袈裟已脫塵凡外功德應超上
乘家清夜得騎雙鶴去西方覺路不爲賒

王登俊 濟陰人

盡說靈巖勝槩多我來探隱一經過梵宮不讓棲霞
景泉石尤超瀑布阿無色相中藏色相不笙歌處列
笙歌恍然忘却浮生事惹起詩龍與酒魔

馬　泰 濟陰人

精藍始自佛圖澄唐宋相傳已有名地湧鐵衣真佳
世巖垂古栢實長生千年坐對堪無肉一派常流可

自醒何日頓拋塵俗事與僧重訂此宵盟

戴燝 閩南人參政

上方臺樹半山岑色界蕭蕭自古今樹密鳥啼青嶂曉塔高鐘和白雲深閑看貝葉通禪意靜聽靈泉不滌心片石令人忘去住千峰萬壑鎖秋陰

遊靈巖寺四首

王弘誨 廣東人萬曆中翰林掌院學士

白鶴聽泉遠青蛇指路危亂峰攢佛刹深樹隱禪居教衍正光派燈傳法定遺香烟消幾刼寂歷古今碑

其二

徙倚山門晚攀緣石磴斜龍宮飛卓錫鷲嶺鑄袈裟白日還千佛青蓮散五花山僧時隱見寥寂語河沙

其三

芒屐窮登覽松關事事幽空山懸鳥道伏水出龍湫說法疑馴虎觀心欲定猴朗公如可作迸現石間頭

其四

一榻翠圍竹半軒閑對雲幽棲隨客到靜景與僧分梵語含空落天香隔院聞何當論出世聊此滌塵氛

遊靈巖八絕

龔　體　武安人歷城知縣

十年夢想泰山遊若箇靈巖境更幽滿眼松楸迷去路幾聲清磬下山頭

其二

古栢枯檀護法臺千巖雲淨雨初開黃昏未許傳燈火月印空林照客來

其三

雲戶松扉靠石欄雨餘光景畫中看泉頭雙鶴今何在剩得清風六月寒

其四

泛海達摩去已賒深山龕護鐵袈裟分明留下真衣鉢誰向迷川渡法艖

其五

高僧何處問三車卓錫池邊坐落霞說破如來真色相尋常不語自飛花

其六

抱靈臺畔勝蓬壺眼底塵囂半點無摩詰當年若到此應創不畫輞川圖

其七

躡磴空門欲問禪芒鞋踏破白雲巔老僧獻罷松花餅指點闍黎酌慧泉

其八

通靈別是一諸天殿宇人傳自晉年恠得夜來渾未寐松風不斷水涓涓

遊靈巖詩 有序　　滕季達 吳郡人

宋天聖中有上世祖仕諫議大夫游靈巖詩十韻後茲四百餘載余小子亦遊斯寺瞻禮五花殿于壁間獲讀之因感賦排律仍遵原

韻命工刻石紀焉
四瑞黃金地丁盤白玉梯靈峰操泰岱梵宇拖青齊
兆率花爲殿祗園樹滿谿潮音懸澗瀑津筏跨虹霓
籟發鐘聲應潭深塔影低月明松鶴舞林曙竹雞啼
禰迴霜初薄鐔寒夜亦凄傳燈因證後法筏尚歸西
始悟浮生偈從茲路不迷欲循先世躅擬向此巖棲

遊靈巖雙鶴泉有作　甘雨　廬陵人監察御史

泰山之高高捕天靈巖繞之屹然突兀枕其後乃輿
泰山之山互蜿蜒琳宮御比自何年鐵衣猶存石偈

殘老僧問之不記年但見千峰萬峰莽相纏峰頭怪石勢攢屼上有青獅下鶴泉老鶴千秋去無還徒聞石竪之底鳴鑾佩玉響珊珊清凉徹骨鑑毛纖貞雲覆之虬龍眠獅子一吼龍漿寒我思真人不可攀臨流趺坐躡雲烟半杓和烟輕鳳團心魂初泌塵襟瀨淹留竟日意綿綿無奈斜陽掛松尖舍利毫光塔影圓振衣起走步脊巔四野蒼茫宇宙寬凝眸西極路漫漫安得縞衣來翩翩鶴兮鶴兮幾時乎縞衣來翩翩共我遨遊挾飛仙

遊靈巖山寺　劉勅 歷城人富平知縣

喬木森森晝自陰四圍山色隱禪林朗公西去衣成鐵佛殿弘開地布金野鳥欲迷青嶂合巖花半落白雲深談經不覺僧齋晚風送鍾聲下碧岑

靈巖禮達觀禪師　傅光宅 字廣居東昌人監察御史

巒麓西盤寶地開高僧結夏此徘徊為愁金錫飛空去遙望珠林觸暑來定裏苔痕侵草座經殘月色滿香臺誰堪入室傳心印流水聲中問渡杯

同前題　汪鉽 新都人都指揮使

炎蒸何處覔清凉爲有生公坐道場滿月未瞻金色
相晴雲先識玉毫光風波未謂迷山遠塵世應知覺
路長曾向青山持半偈老依雙樹禮空王

鐵袈裟解　譚　耀 嶺南人監察御史

繡旛爭要竪談鋒佛教由來萬刼空紅紫緇鶉均色
相自家搖動法輪風

遊靈巖寺 有序　陳文燭 沔陽人布政使

寺葢在泰岳西北麓羣山擁翼棟宇連雲摩
空干霄莫可名狀唐人纂十道圖乃以此與

棲霞國清玉泉爲宇內四絕余得遊焉眞一適也

名刹高巖裏遺碑古道傍僧宗看未了寶塔見還藏白兎驚神異青蛇事渺茫朗公曾過魯初祖盛于唐錫杖泉留月袈裟鐵白霜潛龍應解脫幽鶴任飛揚取水眞甘露尋溪得異香茶椒供佛座梧竹滿僧房海日懸精舍慈雲護法堂鵲巢千樹頂鶴遶五花廊牽木遊偏好披衣臥不妨偶來依淨土倏爾又河梁

遊靈巖寺二首

王之綱 荊南人萬曆中翰林學士

每依岱嶽瞻靈扃今日銜風始縱顏虬幹幾年巢二鶴瓊漿此處透三關碑傳頡籀蝌文舊洞鎖煙霞石鼎寒漫向老僧詢出處夜深一榻白雲間

其二

寶剎名山萬戶開五花飛閣聳崔嵬鐵衣應有神僧護石井空勞野鶴廻紫氣蒸騰分岱岳白雲翔繞自蓬萊幾從仙客憑虛賞誰拾崖椒泛玉杯

禮惠崇塔詩　釋真可（賜號達觀大師東吳人）

龍盂盛得玉泉流法雨慈雲處處周岩樹猶含天寶

色西風落葉不勝秋

遊靈巖寺留題　　石九奏 字四如信都人兗州知府

委蛇一磴切懸流歷亂芙蓉逐遠收爲是名山欣獨往到來初地醒雙眸乍窺猿鳥烟中沒纔認巒嵐翠盡浮雲滿諸天時作霰樹排絕坙但成籌交交蒼碧俱傾佛冉冉金銀故射褸泉名卓錫仍留鶴石立朗公不點頭鐘磬他山開應續香燈古殿老清幽人天不必隋唐刦世代何勞隸篆求暫榻僧房眠未穩幾傳官舍去還留衛書有分入從得山水無情我自酬

欲問㳒宗從茲始異時失路好重遊

萬曆甲辰仲冬余齋捧事竣來遊茲巖奇峰四合如化城瑤島令人應接不暇讀石四卿年丈壁間長句聊爲次韻

施浚明 字仲宜 西吳人

靈巖奇闕如黃流我來正值嵐烟收庋囷巘嶫貯萬斛屏嶂森肅明雙辟鐘聲遙向翠微出石勢盡與青霞浮方知削成護經歷矗若亂豎量沙籌景物畢呈羣玉府風雲間繞御書樓聖泉瀺瀖堪洗耳僧屋婆娑似點頭呆恩不礙天牖月節杖正叩禪扉幽鐵衣

湧地露桂褶金函天錫羅琳球縈紆磴道蛇蚓屈攀
躋藤蔦猿猱愁山中老衲費指點石上新題漫唱酬
何時重取東華路一共風流太守遊

題甘露泉亭　張繼業 平陰人

誰向山中闢草萊傍泉臨石結亭臺看雲日喜烟霞
聚俯㬌春饒桃李開笑傲還凭天地濶從容不計歲
府催人生高致悉如意未審紅塵喚肯回

題靈巖寺　周應治 鄞縣人萬曆中山東提學副使

千盤積氣啓靈巖貝闕風高脫俗轇金布琳宮元上

乘鐵成衣鉢迴超凡世尊隱隱留雙樹火宅輝輝秘

一緘匹練繞流天作穴奔崖無雨亦雲雲

登靈巖有感　曹一蘭 衛輝府人 長清知縣

窈窕禪林一徑通停車縱步萬松中靈蛇留跡深窩

古瑞鶴高飛玉宇雄入定老僧還出定歸空衲子不

談空無緣解得三生話林木悠悠動晚風

同登靈巖　李先菲 膠西人長清訓導

一扣禪關色相空無譁境界鬱籠葱羣峰突兀雲霄

外寶刹輝煌金碧中畫靜客遊鐘引徑夜深僧誦鶴

鷲叢臨風握手同登眺遍覽蓬瀛興未窮

宿玉光上人蘭若　劉亮采 號公巖歷城人戶部主事

客身應不住何地更言歸帶月沿溪路披雲叩洞扉懸燈瞻古像敷座擁緇衣問徧微心處無如但息機

甘露泉獨酌

甘露泉頭石偏宜月下憑雲歸山一色水落澗多層幽壑棲靈物長林散佛燈吾生有習氣每欲作詩僧

詠甘露泉　王克謹 號春臺長清人東萊教授

竹杖芒鞋石徑行白雲堆裏覓山僧爲求幾滴甘泉

水一灑塵襟萬慮清

靈巖過公嚴面壁齋公嚴遣人供酒壁挂素琴爲一再鼓爰賦二律寄興

張鶴鳴 號平與潁川人萬曆中歷城知縣天啟中官至兵部尚書

面壁齋頭峰影高山中卜宅遠塵囂丹禽自遶千株樹碧澗遙分幾石橋洞裏清泉堪煮茗松間明月待吹簫主人不到空乘興一曲瀟湘酒一瓢

其二

壁上瑤琴淅上書劉郎真個愛山居紙窗迸竹雲初

碎石屋鳴泉玉不如爲美靈巖增勝地顚分甘露結
吾廬隨君也着登臨屐千樹梅花十日釧

過宿靈巖　王元翰

益信玆山果不儔巨靈分劈自春秋雲歸絕壁巖飛
動鶴去雙泉水咽流草木渾無塵俗氣碣碑多自晉
唐留朗公說法千年後怪石嵳峩尚點頭

初夏東巡畢同程大叅李大叅梅學憲丁都閫
遊靈巖二首　王在晉濬縣人萬曆巡撫山東崇禎初官至兵部尚書

節旄東指海天分戎服雄麾虎豹羣世上百年添徐

事山中一騎撤塵紛香鍾刹動消長日草篆纔揮掃暮雲爲憶春光行路盡殘花粘絮欲隨君

其二

陰壑深林築地偏離奇松石幾千年孤雲獨鎖靈巖塔雙鶴廻翔卓錫泉白象青獅開大藏金輪華蓋擁諸天謾將勝賞錙公事山谷排衙吏亦仙

宿問竹亭二首

紺宮高起鎖煙霞石鉢甘泉雨後茶碧玉點成青竹杖黃金塗就鐵袈裟聽殘鐘鼓僧初定臥閉禪關月

未耕人到春風過來去蕭林漸發已抽芽

其二

峭壁檀欒路轉深參天松栢女蘿陰山頭塔湧鏡光合窗外月明花影侵賦就禪房時刻燭烟消香鴨獨調琴逦宵欹枕聽清梵聊寄翛然出世心

靈巖行

畢懋康 號孟侯歙縣人萬曆未巡按監察御史

危峰直削五千尺中有一人當洞立青苔作衣雲作笠今古不愁風雨濕千巖萬壑曠中藏奇詭險奧安可詳山穴蟲蛇蟠白鹿登山魍魎騎青羊我有防身

一寶劍欲往斬之俱不見仰天慷慨發高歌不覺[illegible]

空起雷電

題靈巖寺　　邢雲路　安肅人臨清兵備道

窮冦入深林幽巖薜蘿侵草香馴鹿下洞古老龍吟

鷲嶺天開晝蓮花地湧金朗公不可作空對碧山岑

宿靈巖寺

古寺僧房寂名香永夜焚佛光七寶現塔影九華分

雙樹留明月高山宿白雲虛堂清不寐天外梵音聞

詠鐵袈裟

煙霞深處見靈山佛祖千秋去不還烏鵲蘆芽成往事空留衣鉢在人間

題靈巖寺十二景詩　胡一龍 永城人崇禎初督糧參議

開山何用布黃金座下天花祇樹林萬億化來歸自在隨緣便振海潮音 置寺殿

懸崖石竇老龍窟龍去僧來占肆崒無上高頭作證明塵寰俯視無窩突 證明殿

仙禽濯羽玉層層相映寒泉水欲冰新響忽聞如帛裂還疑猶是九臯聲 雙鶴泉

千山猶自月熒熒飛錫何年曾擁靈道是虎溪今已
爾令人却憶可中庭　朗公山
本無聲裏若聞聲聲在覺根不在聽無數關津名利
客可能喚回幾人惺　鷄鳴山
九環卓處玉波流彼岸遙連若有情瑜伽池中分一
脈漫勞雷雨戰龍兵　錫杖泉
晚霞射出燦琉璃彷彿金城看欲痴天地遷廬那是
住好將真息仰慈師　絕景亭
多寶如來現世緣莫須磨洗認方田塵根已斷還常

住不作人間忍辱穿 鐵袈裟

山精若箇逞玲瓏空裏生明明裏空叅到白毫光滿

處閻浮大地此些同 明孔山

流澌甘液響涓涓鶴去雲留不記年成壑成渠都不

管隨緣便種往生蓮 甘露泉

石龜大物有神憑曾供法筵作水丞今在堂空物壞

後還疑敗轂卜長興 石龜泉

迷津惹大須回頭爭奈凡夫不肯休願得瞿檀普一

度盡將大地作慈舟 般舟殿

賦甘露泉　王重陽傳南燕人原賦十首僅見其三

巖許平分抲薛蘿飛懸碧漢瀉銀河瓊珠萬顆淹衣濺不用金盤玉露多

賦鐵袈裟

大地靈光滿法華何緣此地抛袈裟西來厭見東流水金鎖毒龍鎮海涯

登塔賦

寶塔巍峩振地靈摩雲劍閣映高峰應經煉石神媧手玉柱擎天碧海青

護德藩登靈巖山一首　沈正宗 吳江人清軍道僉事

奉藩來遊絕勝緣如屏蒼壁隱諸天摸糊馴虎馱經谷寂寞開山雨淺筵剩有鶴泉隨杖錫空餘班澗鎖雲煙朗公石在頭應點爲問袈裟鉢可穿

登靈巖寺　孫振圖 字龍友平陰縣舉人贈兵部侍郎

方從名嶽轉特地叩禪扉寶刹彤雲擁寒泉玉屑飛松峰如列嶂翠色欲沾衣到此諸緣絕尋仙願不違

遊靈巖寺詩　魏士章 江陵人

環谷千峰秀尋溪萬慮清幾番原落後迭見翠微迎

古木雲虬舊殘碑雨漏傾翻經談虎伏訪道問鷄鳴
灰刼催輪轉馭飛幻孔明卭支森佛骨光滿現塔檠
百鍊餘衣在重關賴巧成亭虛龍抱楯壁削石爲棚
泉冽鶴雙迴洞幽雲自橫琅玕垂个个薜荔掛聲聲
晝永吏無促山空鳥不驚祗園坐一日忽悟話三生
獨爽證明約登高屐未平

靈巖志卷之五

藝文志

國朝詩

從來文風之盛無過

熙朝何靈巖題咏不多覯也蓋巖志闕將六十年矣即學士大夫素愛名山大川無所考證亦不無雁宕之失志成而後稽圖覽勝未至者動遊觀之興已至者發吟咏之思從此嘗無旣也故特爲一卷以俟續登

順治己丑仲春出郊勸農至靈巖夜坐僧廬僅見慈舟古賢二長老耳因而有感日古紀之

呂朝輔 遼陽人 長清令

靈巖駐馬近斜暉怪石蒼松蔽四圍正恨荒山岑寂甚穿林喜見二僧歸

重陽日徑過靈巖

張晉彥 號坦公河南人 山東右布政

幾度重陽客未還秋風吹我肯歸閑靈巖寺上無黃菊猶自登高望遠山

同諸社友遊靈巖寺賦此

魯國男號抱菴長洲人保定總戎

朗公開此地奔走滿江湖滴歷存顏色空青藹畫圖

閑雲幻蒼狗響韡亂歸烏共結登臨伴相將劇飲徒

馬行孤川攤鳥度落霞呼赤棒尊金鐙青藤褁玉符

到山原無魯放展欲看吳礚磚綠非易鳥蘿與不辜

亭基餘薜荔礀石隱榛蕪栢古虯龍嘯泉艮雙鶴鳴

金盤甘露溢紺塔翠微孤一綫吞殘照千谿繡綠菰

殘生麋鹿共萬事鶴猿須爽遍天門近煙深地軸駈

佛衣苔蘚合霧髻美破徂海嶽鶯花麗樵蘇慰老夫

靈巖行　　施閏章

靈巖開鑿巨靈苦萬仞丹梯作環堵巳留天穴燭明
星更遺甘露瀉石乳重林深翠來風雨鐵崖涌出裂
裂古土花錯落纏金斑水田細繡天爲補丹臺飛嵌
層巖巔削成石屋居無椽杖藜直上八千尺手撫白
鶴凌紫烱朗公卓錫呼不應龍眉石丈拱我前偏視
人間悲浩刦誰知梵宇亦桑田般舟寶殿金銀摧世
尊塵埃能象哀唐碑宋碣紛斷折存者欹側埋荒苔
靈跡摩挲恨未了倦遊一宿艮草草安能高枕臥空

山飽飯青精顏色好

順治巳亥仲秋重登靈巖　顧炎武東吳人

重來絕巘更攀緣壞閣崔嵬起暮烟山靜鼪猱棲佛地堂空龍象散諸天芰林果熟紅椒後入定僧歸白鶴前莫問江南身世事殘疆兵火一凄然

遊靈巖寺次宋轉運鮮于公韻　王紀

爲探靈巖暫停轂扶杖登臨肯碌碌千崖萬壑果奇絕無怪名稱金輿谷巢鶴巖頭别有天鶴來鶴去雲

田田罫詭東山能小魯一眺青齊莽丹煙石丈屈身

似拱揖聽法頭點已陳迹創寺開山幾許年殿宇參

差羅目前松風閣中消俗況滴水崖邊勝六泉懸崖

滴水消涓下東海潺天何其亞宛然道脉與相連古

今幾會含晝夜樂此渾忘素艱辛壺天境界清凉身

有心借爾為霖雨遍濟堯天禹甸人

宿靈巖寺祖居上人禪院偶成俚言

閻廷謨 河南孟津人山東參政陞湖北按察使

新秋偶過朗公廬為愛名山一駐車風弄泉聲丹嶂

晚松篩月影碧窗虛聽經有意憐般若臨政無能愧
簿書莫向迷途爭幻妄好從此地覓真如

遊靈巖題壁　徐泌 號楚公 會稽人

十年夢想靈巖寺到得靈巖分外奇妙不容言真絕
境清泉白石總相宜

靈巖山道　史國珍 字元明 遂陽人

山深莫道僻難得告人知入路尋幽徑登橋拂亂枝
雲峰聯古刹烱樹度新詩清覽看無盡徘徊去欲遲

宿靈巖寺

律演靈巖開大乘梵王有寺隱高僧般舟普渡人先上流水齊驚岸早登殘碣蕭條風雨待喬松寥落漢霄憑欲來彼夢尋漸夢一枕幽香繞慧燈

題御書閣

書閣深忘今已遙靈巖寺並閣冲霄鶴猿啼虎晴光在車駕登臨聖跡昭明月崖前懸寶鏡白雲天外走仙樵高懷曾繫春風去依舊江山又四朝

其二

有懷也得覓封侯登故唐天子閣幽飛燕朱欄穿古

月臥龍碧兎爍新秋鳥啼花外知興國雲起山頭絕舊遊滿目苔痕生輦道上林春色幾人收

康熙巳未初冬遊靈巖寺　李建極 字皇有 東明人

霜染林梢樹葉丹馬行盤路遶沙灘霧開方見靈巖秀地僻始知老衲閑寺湧袈裟鐵像古澗噴甘露玉泉寒解鞍爛酌僧家酒醉後登臨仔細看

宴集甘露泉望功德頂　韓毓桐 字元卿號琴菴 歷城人

爲愛名山結伴遊狂來呼酒枕清流泉通佛座蓮花冷雲暗禪房栢子幽仙嶼遥開天際外人蹤遠落樹

梢頭莫言勝槩憑僧占還任詞人筆底收

咏鐵袈裟三首　楊涵　青州人 貢生

何人曾製此袈裟拋向空門歷歲華自是爭端應棄却單傳人已去天涯

其二

紅鑪不記是何晨長短誰能量此身莫怪至今披不起祇求鑿得脊梁人

其三

襲襲香烟曉夕薰依稀猶辨水田紋回頭笑問同遊

客且道由來重幾斤

禮甘露泉大士殿　董發祥 青城人 舉人

古殿崔巍鳥雀稀法幢清磬遠霏微座中甘露衡巖

出戶外鳴泉閒石飛妙相莊嚴獅子踞圓通齒諦白

蓮園慈悲遍滿諸方界稽首靈山志不違

靈巖結夏五夜初雨　房愷 字子黎齊 河縣人

危坐深山雨逐風隔窗時見電光紅遠峰疊翠雲中

積遊樹迷離霧外通多少琪枝承紫露幾重石壁繞

蒼虹連牀急就快心賦待曉乘槎謁朗公

甘泉亭觀雨

閑坐禪亭趁曉凉一天靈雨過池塘霧中煙樹閃蒼翠石上雲花起渺茫萬壑齊鳴山澗落千崖難覓漢雯藏老僧若有無生訣流水何緣下帝鄉

飲甘泉亭

甘泉冷氣浮方暑入深秋亭接蓬壺近山分石室幽危崖環嶂去高樹蔭潭流玉露千甌少羲皇一夢秋

登松風閣

谷深通野寺斜轉上岑樓身下石崖危眼前松色稠

碑陰留妙諦簷影掛禪鈎鉢穩龍方靜瓢然物外遊

由靈巖寺過甘露泉登功德頂

李廷臣 字艮岡遼陽人長清令

于齊于魯此山通瞻得天孫嶺過東石雨滴香樵子徑松風吹老梵王宮字痕搜古苔衣碧人跡凌高荔宇紅欲想樓霞較諸勝玉簪縹緲白雲籠

獅山

于緗舜 字克承長清人內閣中書

獅峰雄踞出崔嵬烏弋誰將縮地來怒吼松濤驅虎豹閑排雲陣鼓風雷西歸欲逼星河去東望擬從泰

岱廻聞說空王降帷獸猙獰亦上雨花臺

象嶺

尋幽已遍朗公山禮罷諸天欲破顏誰逐青蛇登彼岸還留法象鎮禪關嵯峨豐背連雲碧寂寞灰心盡日閑待得前灘新漲後依稀鼓舁弄潺湲

巢鶴巖

塵踪長是羨飛鴻巢鶴巖巔恰御風十里松陰晴亦雨千重烟靄色還空列屏山似居邇舍放眼人如鳥脫籠不用憑虛更搔首恐躭詩句負青葱

滴水崖

懸崖滴漏絶喧塵杖履何辭遠問津石竇飛泉寒漱玉谿花落水淡含春斜攀曲徑松爲蓋倦枕清流草作茵自是桃源仙隱地可憐身世日因循

鐵袈裟

幾年面壁着袈裟拋向深山閲歳華縱使麗眉絶塵垢可憐衣鉢老烟霞空餘色相驚聾俗誰演宗乘落寶花西去不携東土物何須隻履走天涯

出靈巖遇雨得望劍公山雲

靈巖西出雨霞霞誰散陰雲護法壇洞爲人歸掩簾幕山因客去着衣冠重巒積翠濃於酒遠樹含青秀可飡回首朗公呼不應只今擬作畫圖看

坐甘泉亭分韻即書贈高僧

喻成龍 號正菴金州人鹽法道坐轉臬藩擢京卿

逕曲緣溪入亭開坐日邊數峰低萬嶺一塔障諸天秋亂雲中樹寒侵屋裏泉看來幽意愜永矣竟忘旋

靈巖寺

李興祖 字廣寧號慎齋銀城人鹽法道

川澤注會宗是以崇四瀆丘陵培塿畢是以尊嶽麓

山稟天之靈惟泰岱稱獨水鍾地之秀東溟波洄激
臨臯隰沃流北墳擯珸琭鳥道尋岱陰裊裊雲塡谷
澗溪任釣綱岸草憑樵牧緣溪疑路窮一虹矯若鵲
逶迤人徑深蔓蘿延松竹當徑石鱗鱗鐵皴虬理蔟
嶔崟含宮宇森翠護神屋松栢綴蓊鬱草木飄馥郁
懷巠抱山隈揖拱儼星宿僧舍擬闤闠石梁如葢幅
周匝騰氣靈宛轉山水深古鄉冲霄漢寶柱搖金燭
棼楣接日光棟椽皆雲木創自正光年法定卓錫築
鶴溪與杖泉淸澈顯拖數湍聲咽松濤千佛法髻屨

朱龕盡頹靡像設皆傾覆人事有變遷陀伽亦遭數
古栢大十圍高隱扶桑敔石寶曾班名門扁擬匭牘
忽爾聳飛閣層疊韜秘籙羣生冀大爐煆煉脫澆俗
平地起浮圖隔天尺五六萬千鈴鐸聲振天撼地軸
鹿脊崎香山淨室鐺折足服食劚朱苓黃精喫避穀
松魄養靈真天麻成質毒臥佛合雙允歃桄嵩山蝶
入定辨刼灰千年芝馥馥左右二洞嵌黑白雲相逐
陰晴無定期罨靄潤黝黯幸此息攀躋當暑靜炎燠
仰睨貞觀書歷落晃珠玉斷碣捫苔蘚唐宋碑矗矗

剝蝕已千年迄今猶遺蹟蔡卞體遒莊蘇賦無拘束
木末湧蓮臺羊腸徑愈曲祇林草藉茵幻鐵水田浴
渡海彼岸登一葦相質贖唄葉樂厨火喻法捐毀謗
再躋頻汲引側偪步踏蹴山嶁崎孤亭歷歷皆可讀
曲徑蜿蜒橫絕頂連天腹腸穴義和通陰埜氣蕭肅
密樹障穹窿通明啟日匱罔巒勢糾紛山形類獸屬
峰岫幻無窮獅象前後伏厥中日朗公化身遺髏髑
怪石多異態拳拳崷崒複向如參野禪側如問丹鉢
蹲如揭道宗背如了物慾蟻緣躋靈巖恍然驚悟服

隙地白雲中巖壁垂綺縠樹染勾漏砂峰滴雲母綠
提封刻萬億不盈雙眸矚波洸如線環丘壑迴合輻
顧䚡僧精頻雲液作虀醬犇身饒山河後步驚蹴躇
泰岱獨前峙羣岫陪隈澳旂樹繫畫時晨昏休碌碌

遊甘露泉和正菴喻觀察壁間韻

策杖尋幽境清流遶樹邊雲泉飛近雨古木障遮天
石怪多奇岫亭孤獨湧泉坐觀興倍發留戀莫言旋

題靈巖寺

張榕端 滏陽人內閣學士

首夏紆遊歷靈巖盡秀殊數迴山曲折一望樹模糊

負嶺如屏幛前溪儼畫圖所嗟年歲久名刹半荒蕪

遊靈巖寺

徐亭 字卓崙 嘉興人

岱嶽亘魯封迤邐忽中截劃爲東西支元氣此蘊結征車日紛逐不曉藏奥折我昨登日觀足力未云劣策蹇鼓遊伴攬勝何勇决入谷兩山翼四望天陡絕豁然開空碧嵐翠滴可啜石梁通寺門寒流細幽咽殿旁漢栢二輪囷腹半裂散爲千萬株儼若瓜孕瓞浮圖矗玲瓏勢敵山巘嵲下有臥佛堂楹砌敞修潔披榛陟荒塗雙屐險蹉跌頹垣留袈裟紫繡剝積鐵

龜趺何代遺雨潤土花凸徑仄石齒齒崖危樹傑傑稍憩甘泉亭香乳瀉不竭一掬心神清免使腸內熱白雲蔽峰腰冉冉洞門濺高攀猿狖枝幽探豹虎穴摩挲開老眼撥蘚讀斷碣乃知歷漢唐締構本前哲茲寺有興廢茲山無磨滅踏月休松寮相對泯言說

靈巖寺　　李楫 字子濶大嵩衛人長清教諭

獨上山頭坐晚霞靈巖夕氣亂歸鴉龍宮高逼諸天近鳥道還驚客路賖月過石林千嶂雪溪迴烟井萬人家到來寒谷羞微祿不謂清秋更有花

靈巖寺　李汝瑛字白華樨之子太學生

花宮仙梵靜嚻氛露井銀牀座上分澗水遠從天外落風琴遥向月中聞鶴巢頂上千年樹獅子峰頭萬里雲共道山巖多爽氣於今秋色正氤氲

陪喻道臺遊靈巖憇甘露泉分韻　范瑕字西漢江南安慶人

半日尋幽倦因泉憇此亭是僧都似石無客不皆萍塔影林端白天光澗底青使君詩最好留却贈山靈

陪喻道臺憇甘泉亭分韻　僧超椿閩人

朗公說法地冠蓋屢經過簇馬入林開靈禽向客歌殘碑依殿古怪石傍僧多不朽騷人事甘泉賦薛蘿

遊甘露泉和友人范西漢韻　韓毓桐

廿年會信宿今復到泉亭既以山爲友何妨蹤是萍水流鶴羽白峰點佛頭青及見高人句靈山覺更靈

賦靈巖十二景

置寺殿　殿久廢　韓　章　字天章歷城舉人

原始無形入有形輝煌置寺勝金庭千年底事終歸盡水自冷冷山自青

鐵袈裟

欲從堅固說根芽指點因緣托物華不是錚錚鐵漢子焉能披得此袈裟

朗公山

朗公化石不可考石似僧形永不老豈是朗公真化石僧能似石無煩惱

明孔山

何年鑿闢見神工嘉兆分明應朗公寶剎既成人已去猶留滿月照山中

證明殿

洞巘當陽護翠松許人攀仰繼高蹤證明得至無無
盡卽是千巖最上峰

雙鶴泉

雙鶴何年飲此泉泉名得與鶴相傳而今不作長空
唳只在涓涓石竇邊

石龜泉

人巧從來可勝天石龜竅裏瀉清泉土居定有人多
壽松老茯苓玉液鮮

鷄鳴山

松梢未曙亂鷄鳴保衛祇園功力宏以自山靈湛異

後林無犬吠寺無驚

甘露泉

誰將楊柳瓶中水移向蓮臺座下生天上有源來地

竇須從滋味辨分明

錫杖泉

禪機慢道總空虛吸盡西江水有餘願與衆生淸俗

垢錫環一卓便成渠

絕景亭 久廢

一亭孤峙衆峰寒絕景尤從此地看最是斜陽松栢裏雕甍錦樹五雲攢

般舟殿

平地築齋名畫舫山頭起殿號般舟僧儒同一提撕意莫教機生覺後頭

遊靈巖寺 巴柱朝 號素菴奉天乙卯舉人長清令

石壁嶙峋秀果真幽棲曲隱大乘身梵宮風送鐘聲晩竹院香浮衹樹新道貌祇留雲作伴禪心直與月

爲賓淸泉極目遊魚杳笑到巖花別有春

登靈巖頂

泰岱靈巖接極巔更異哉危峰鷲石座佳樹結樓臺
佇望游龍遠行瞻舞鶴廻名山多勝槩何必到蓬萊

遊靈巖寺　　王弘任字雲亭濟寧人本縣教諭

入塵無意出塵難半在山林半在官兩袖淸風登峻
嶺冰心一片對甘瀾

又成

立志欲乘獅象去骨堅可被鐵袈裟吾心尤愛朗公

月此地何妨便是家

題靈巖寺　馬大相　字左丞長清訓導定陶人

來遊名勝地古跡喜重翰墨前人字御書唐帝蹤
南瞻臥象嶺北望行獅峰磊落千秋石虬龍百代松
黑雲洞靄靄白鶴泉淙淙明孔旭嵐繞袈裟裹草封
花宮聽梵偈竹屋鬧晨鐘借問何時至是年丙子冬

題靈巖寺　徐惟岱　字泰嶽邑庠生

競道方山好峰巖果莫儔翠屏連泰岱蒼柏隱書樓
寶塔千雲峙甘泉傍澗流何年出塵世此地任優遊

住靈巖寺呈王旦明護法　釋成楚稿

跡托靈巖下閒情與石論何年名勝地今日泛常村佛殿殘雲護僧寮碧草屯敢期蘇子帶萬古鎮山門

遊靈巖寺　張應祈 字聖符國學長清人

一抹明霞映曉谿馬蹄香蹟落花泥爲尋方外蓬壺勝來到佛天極樂西獅象峰高雲靉靆鷓鴣尾碧樹低迷僧房許下逃禪榻出世何妨支遁棲

甘露泉步前韻　袁之璽 號爾玉長清人

源出蓮花座一滴匪草亭禪機識湛水化理見浮萍

環嚴山容翠頓斂胖子靑年來空碌碌殊覺負山靈

陪長淸李明府登靈巖功德頂

劉　瑶　號卞公　慈谿人

冠蓋相邀勝刹遊前旌隱見共雲流高僧指引山中路直到千巖大上頭

經泰山路偶憶靈巖甘露泉

魯振基　號有菴國昜弟　長淸人

宦海萍踪二十春家山猶識浪遊人何時得遂幽棲約一掬全淸滿面塵

遊靈巖寺宴集甘露泉　張　秀 號泗水 歷城人

夙慕名山勝濼川沿途花柳蕩春煙暫拋歷下東流水來看靈巖甘露泉亭上追歡幾老友林間顧曲半青年家園吐激清流慣到處偏成雲水緣

遊靈巖寺宿漕溪禪房　盧永久 號禎宇 長清人

塵蹤何處問西天說偈談空總杳然象嶺摩雲禪味近獅峰得月慧光懸松堂香滿偎花坐竹院風清傍鶴眠終歲菸菸成底事誰好此地學長年

遊靈巖寺過寶光禪院　盧治巳 號德馨 邑庠生

蠟屐重遊到上方春光極目意偏長雲峰還似芙蓉
秀瀑水依然甘露香曾破禪關歸淨域我來梵宇見
毫光鐘聲夜半醒塵夢頓悟色空心地凉

登靈巖寺　胡乂　字理之　德州人

寶刹珠宮縹緲間雨餘乘輿共躋攀天連西北彤雲
合地盡東南岱色環紫石有岩惟碧蘚唐釋無迹自
青山勞勞塵事知何補徙倚峰頭一破顏

靈巖志卷之六

雜述志

惟志之末例紀雜述然而災祥近怪辯疑近妬紀變近亂述聞近卮志亦贅也除邑乘已載者無庸再紀惟邇來耳聞眼見者聊載數事以志其異爲清夜鐘聲使僧俗發深省可耳

災祥

康熙六年秋水暴漲鐵袈裟南崖下石窩前石豬現寺僧爭相往觀以爲祥瑞因名其窩曰豬拱洞識

者曰寺淨土也猪穢物也以淨土中而出穢物非祥瑞也而靈巖衰敗實始于此邇來石猪巳淤過半寺亦漸蘇想石猪沒而寺亦復興乎

康熙二十五年三月十九日癸酉大殿前白果樹高可五六丈被火焚當頂大枝餘枝無恙亦異事也

辯疑

俗傳竺僧朗法定俱爲佛圖澄弟子按朗公高僧傳內并無一字及澄非其弟子也明矣按張縣尉碑記法定建寺在後魏正光年按北史澄寂在石虎

墓趙時相隔百年安得謂其爲師徒乎聊爲辨析
以俟折衷
寺有魯班洞者覗其規模以神僧傳叅之乃開山僧
朗公墓也俗傳寺之五花殿爲班所造故後葬班
于此而邑乘竟著爲五花殿公輸子所造魯班洞
爲公輸子墓按公輸子生黄帝時佛法尚未入中
國安得造佛殿乎大率寺院橋梁多有傳爲魯班
造者不過羨其蓋造之奇成工之速若有神助耳
豈眞爲班造者耶

宋嘉祐中秘書省著作郎原任長清尉張公亮靈巖記內有神宗章聖皆錫御書今上復降御篆之句按宋帝系太祖太宗真宗仁宗英宗神宗哲宗徽宗欽宗是爲北宋嘉祐時所謂今上者仁宗也章聖者乃真宗章聖皇帝也神宗在英宗之後安得居真宗之上乎必傳寫之訛也景祐中曾有祖無擇詩石見在注云寺有太宗御製御書以此證之其爲太宗也無疑矣故特爲改正之

五花殿按宋嘉祐中張縣尉文內以爲宋景祐中剏

建明正統中王副使文內以爲宋太平興國中創建二說互異但主之耳聞不若張之目覩當以王文爲訛張文爲確

按仁欽和尚十二景詩內舊有置寺殿說者以爲獻殿是也而獻殿不過爲瞻禮處五花殿之前殿耳建自宋時去置寺甚遠安得稱置寺殿乎以理度之必定公初置之殿在甘露泉西崖上者殿雖荒廢而形勝頗佳其卽此乎

般舟殿般字音棹梵語般若卽漢語智慧言佛法如

智慧之舟而能令人離迷途登彼岸也

詩盛于唐慈寺亦莫盛于唐想唐人題咏必多今覓其遺蹟僅存御書閣三字或世遠人淹亦如今日之堆垣疊砌毀壞殆盡耶抑記載乏人如我

朝五十餘年之題咏僅存一二耶

鐵袈裟有云法定禪師創寺府自地涌出者想彼時興工於此地中所得猶郡庠之鐵牛山也

紀變

明崇禎十三年荒旱土寇蜂起孫化亭嘯聚萬人踞

青崖山寨以靈巖為屬寇巢穴寺僧有被害者亦有為賊所屈者惟慈舟古賢二僧不屈賊亦素知其行而重之聽其看守香火殿宇保全佛像無恙皆二僧之力至我

朝順治六年正月內邑侯呂公力請滿漢官兵合攻青崖山寨風雪中圍三日夜破焉靈巖餘寇悉平之

述聞

明王鳳洲先生嘗語人曰靈巖是泰山背最幽勝處我輩登泰山而不至靈巖者不成遊也

靈巖古栢瀰山歷代俱有嚴禁自明崇禎十二年土寇大亂為盜樹之始至今不息禁愈嚴而盜欲甚近來古栢殆盡其樹將伐倒時鳥鳥之聲聞十餘里古人云木千年者其靈為青羊萬年者為青牛信然矣樹既有靈可輕伐哉但人不知警覺耳

明末有盜靈巖藏經者邑侯訪知立斃杖下暴尸郭外至今藏經無恙

王沁水先生曰大都泉石之勝多得趣于天成而致損于人力俗子緇流妄興土木之飾敗大成韻致

兼之借言修造斫伐古栢以致靈山失秀可慨也

夫

名山勝水菩薩道場宇內甚多至若文殊之五臺普
賢之峩眉觀音之靈巖焚修祝釐皆最顯著但偷
伐樹木以致林巒蕭條他不及知若靈巖寺者下
無今昔之感矣

附鄰山勝境遲賢亭說

靈巖西北去寺十八里靳莊遲賢亭者歷代公卿使客來往之行臺也世傳爲宋時仙人靳八公故里八公父官尚書避賢樂聖林下優游好施予於官道傍置圃種瓜濟渴者冬月設肆釀酒沽不計值常有黃冠與公來往仙風可掬瓜熟食瓜酒熟飲酒久之八公敬禮弗懈一日道者抱病卧其家思食麪湯公家偶乏之麪道者於葫蘆中出麪令作湯食未盡公之妻嫌穢汚欲傾以喂犬公急奪而食

之日勿蹈暴殄之愆心頓開悟道者起而喜曰子可教矣肯隨我十洲三島遊乎公欣諾即棄家隨道者行其妻哭而追之遺以號咷歸别去幾彩變飛雲十字乃飛昇去始知道者即純陽仙也其字蜿蜒離奇細辨乃識土人奇之刻字於石明成化丙申邑侯朱公義移嵌於遲賢亭照壁間後落乙丑年三月二十八日煕慶留題十三字葢元初國制以甲子紀年金主貞祐南遷之後山東路已屬元有自是遵其制度南宋雖在非所屬也爲金末

元初之乙丑年無疑矣所謂熙慶者必靳之名也且玩其詩意頗於靳合爲靳八公所書亦無疑矣道家或有解作二十字讀者曰天地道於斯無爲可是虛鉛汞三昧藥造化并玄機咸謂純陽所書但真仙遺蹟世不多覯學士大夫多題咏刻石列兩階鐵鉤銀畫詠金戛玉騷人翰墨林立一時雖屢經兵火來甚殘闕十年之前猶及見之比年來毀壞一空按之東閣馬氏尤加憐焉今僅存者十仙字耳乙亥之春幸逢方伯張公諱翀者雅慕泰

山名勝公餘遊覽道經斬八公故里乃停驂訪求
遺蹤而泥汚苔蘚碑仆石斷蝌文螭蚪之章無從
寓目不勝悼歎流連者久之遂命邑侯巴公鳩工
豎石仍其舊制又碑旁建立香火院數椽以供洞
仙志是碑之所由來使後之遊人知所考證而新
八公之遺事歌詠長留千古矣邑侯承命趨事磚
嵌石砌堅築而更新之勝蹟得借以不朽何莫非
方伯之雅志也歟又何莫非邑侯之承其志而善
以成之者歟噫亦仙蹟之幸也夫其題咏仙蹟之

詩石刻無存而從前所見錄藏篋笥者並附刻於
後存古蹟也

題遲賢亭　　周應治四明人提學道副使

勞勞客舍紀遲賢會此籃輿一息肩座上仙蹤疑說
法堂壁有靳八公仙字刻石壁間鳥篆自籠煙騎龍別去荒林暮
跨鶴歸來古道偏嬌首紅塵真異境不妨獨坐逈超
然

遲賢亭仙蹟次韻　　張嘉會涿鹿人嘉靖間長清令

筆戲仙人結搆盤誰尋斷碣表荒殘縱橫體製龍蛇

動傳咏詩章氣烈寒號眺同人能用易飛騰碧漢可
追韓遲賢亭下餘芳在千古幽懷總得安

書遲賢亭壁　楊本皐 嘉靖中巡按御史

古碣荒村合羣山泰嶽鄰仙人乘鶴杳玄畫落筆新
丹竈浮嵐氣青春空鳥音嗔余驄馬客攀跡恐傷神

靳莊道中　畢懋康 萬曆末巡按御史

翠落羣峰鳥道賒靳莊深處有仙家雲扶竹杖虬爲
馭風急芒鞋鶴是車羽客分餐煮白石騷人結佩琯
青霞側身不覺乾坤小安得棲真度歲華

題仙字　　　　　　　　　　　魏光緒新鄉人天啓初巡按御史

鳥爪龜紋自一家長留石上説丹砂誰能悟得無生理井竈蒼虬凌紫霞

婁景洞說

靳莊北行十二里至丁善人茶棚折而東上里許爲丁家莊東北六里至張山下洞虛觀名地也台元杜徵君有記迺東李封君祠堂有董太史碑記南行三十步蓬萊觀東上一里雲台觀又東上百步許有八寶玲瓏樹一株又東可十餘步白鶴泉稍

上又有二無名小泉泉傍磨崖大書仙台二字南行三十步聚仙搭又南七八步青龍洞再南四五步王母洞洞上下兩層險而幽邃可潛修返仙台東北百餘步陡絕處登石磴架木欄猶兢兢恐墜者乃雙景洞之路也近洞處有草名王爪菜葉類野芹冬夏長青雪中更茂採食之味類王爪異產也洞居三峰山之半東西透徹濶可一二丈高可十餘丈穿洞約行里許至東洞門口有范鏊張艮雙敬三像前一石香臺刻有大金國泰和四年造

八字石發淡青色光耀潤澤傍塑一少年[illegible]倚趺坐者由博士也南壁有金人磨崖紀畧曰濟南府長清縣天花南管臨山其山有洞名曰白鶴靈芝洞下有靈泉上有三峰漢朝斐景先生號草衣子住洞迄今千三百有餘年矣洞有古塑范蠡張良及先生之像今者住洞道人徐真道及禹城縣善人張彥等虔心重塑所修功德善利上祝　皇王萬壽戚臣千秋福願功德早生清信之心同繼仙蹤之果皇統九年十月記雖文不雅馴但斷境古

蹟不可不錄洞前古槐朽根依稀可辨大可數圍槐東則萬仞澗也是人跡罕至者蓋周季范蠡用計然術滅吳與越功成勇退扁舟五湖變名易姓適齊爲鴟彝子皮之陶爲朱公用計然未盡之術而貨殖焉十九年之中三致千金之產皆分散與貧交昆弟後年衰老而聽子孫修其業遂隱此終餘年漢初婁敬說高帝都長安羣臣願都洛陽而共非婁敬張良亦謂都長安便帝從之賜姓劉氏以功封侯後良辭帝去從赤松子遊敬安能孤立

於朝耶亦棄爵而隱于此良隱歷城縣之南扶山洞距此二十餘里相往來以共優游扶山之洞曰子房此洞曰婁景景者敬字之訛也董太史直書爲婁敬山者有所本也遙想當年越之文種漢之韓彭以貪癡而成鴻羅禍若范蠡張婁輩棄功名而鳳翔千仞乎明哲保身三公有焉晉有油博士王質者經油房崖攜其車脚來此山伐木見洞口槐樹下二叟圍棋與質一物如棗核令含之不覺飢看棋未終視其斧柯已爛急歸油房崖無復

故人詢其世代巳百有餘年始知爲仙人便往求之惟寂寂空山與洞櫬在耳甚追悔後終於此化爲鳥名油葫蘆巢洞櫬上啼則自呼其名聲頗憐然他處無之殆杜宇精衛之儔乎明儒張公以寧詩曰聞說仙家日月遲仙家日月轉堪悲誰將百歲人間事只換山中一局棋至理名言足破古今之惑返洞西下石磴行二十餘步三清洞洞中有天生寶蓋又十餘步天臺觀六七步八卦洞再北十餘步火龍洞高而不深洞中架閣祀玉帝亦各

玉皇洞再北僅三十四步則仙姑洞也而東山之洞盡矣返雲臺觀望北山萬仞峭壁之中朝陽洞也然在雲端由東北行三十餘步折而西上石磴木欄蟻緣峭壁而登梭婁景洞更險洞口祀鎮武神面南太乙真人面東非禮也由真人像後燃燭北行四五十步寬潤類衡宇燭其石紋有如蓮花者如靈芝者如雲如蓋即良工巧繪弗能狀焉洞之絕勝處盡此矣尚有聚風疑難二洞不必觀矣

婁景洞完虛先生祠堂碑記　董訥 平原人康熙總督部院

完虛先生者先外曾祖李封公也公諱暉光字望瀛恩縣人愛婁敬山林壑之美來隱於此二十餘年自號完虛子後人奉之爲完虛先生云而祠堂之設於何始乎乃土人追慕其風鑿石闢地構室以祀四時蘋蘩不衰也夫公歿將五十年矣公之隱于此山也不過羽中道服結廬山隅戢影藏形與麋鹿爲羣白雲爲友木石爲侶初非有職守臨蒞斯土而號令及之且有善政德施使人咏甘棠懷遺愛也亦非有詭言奇行自耀于衆而人不忘也而況乎年遠時久傳

聞曰湮何士人追慕之誠竟若此歟曰公好神仙之術當時有碧玄先生者不知來自何所與公周旋相終始焉公歿有野樵遇一採藥叟形類公忽不見因神異其事而祀之或曰仙未可學而至也漢武親詣海上信用方士甘泉九莖之芝大旱乾封之說種種迂怪莫可殫述後猶自儕爲人所欺又曰天下豈有仙人節食服藥少病而已即子房隨赤松遊爲求仙者借口不卸功臣退步豪傑深心未必實有其事觀史書所載壬子六年夏留侯張良卒不盡信耶余曰

公之感動士人而思公不朽者以公超出於塵俗之表俊人於聖賢之域實有其可法可傳而不在仙與不仙也公有丈夫子六人長諱應辰官鴻臚仲諱應午官太守季諱應薦癸丑進士擢侍御累遷卿貳爲時名臣四諱應臨官郡丞五諱應觀亦官鴻臚六諱應兌讀書太學諸生炳炳麟麟盛極一時公復屢邀封典晉秩如子官既榮且安無踰此矣以恒人之情論之享富貴席華膴受子之榮往往尊其體貌美其車服壯其宅室山饌海饈列于前妙舞清歌陳於側

曳裾之人伺候于門爭妍之女充滿於內高居深處而鄉里不敢望顏色間一出遊通賓客亦筆輪耀日僕從如雲爲党韡光寵且復矜名譽快恩讐營營不已求其淡然無爲退焉自守豈多得哉矧于棄富貴而走世外舍華膴而入窮谷尤必不得之數也而公獨不然公以爲富貴華膴草頭露耳一杖一鶴之妻敬山隱焉去之日不謀親友不告妻子薰沐拜先廟飄然而往諸先外祖哀號牽衣走數十餘里不能留遂登山覓洞嘯傲于清泉白石朝霞暮靄間冬一裘

夏一葛飯一盂日執削易一卷理亂不聞歲時偶化

優焉游焉萬象包藏其胸襟學問與造物遊與日月

永始即古之隱君子行修而名立者歟范文正公為

嚴先生記云聞其風者使貪夫廉懦夫立大有功於

名教若我公者其有功於名教更當何如淸之邑俗

淳而尚義亦何能已於追慕也耶余夙承母訓故知

公德甚詳數年以來覊跡　金門有疎享祀邇因奉

命遂歸

聖天子憫其勞瘁

賜暫假調攝將登公之祠而奠焉舅氏諱珊者亟勸之使余爲文立石以告後世余曰此舅氏之孝思而余之夙志也且邑有賢大夫岳侯政尚名節百廢俱舉尤千載一時因勉其興作而書此爲記

康熙乙卯十月朔日記

婁景洞洞虛觀碑記 附　　杜仁傑 見前

山至於岱宗天下無山矣其尊雄渾厚固應爲羣嶽之長然面向陽則磽确若無生意凡物之在陰便覺深且秀泉則甘冽土則膏潤木苗而拱然梨栗實而拳許是豈人力所能成地勢使然也有洞號婁景者蓋耳之熱矣獨以不到爲恨先無居民室於其間是以人罕至焉壬辰後有道士曹志冲自燕薊來直抵所謂婁景洞者至則以日爲歲朝畚暮勞鋤芟除剪經理不出者餘三十年其徒稍稍來集于是有殿有

廊有厨有齋有庫有槐志冲葢嘗師掌教李真常得以額請因揭爲洞虚觀試者曰境如是其志人如是其堅締構如是其美不以文石壽之所傳寖難久曰曹致寧者貳于曹志冲者也致寧性絶巧鑿斧斤鋸日不去手前規後模左布右置率皆致寧所爲勤矣哉一日走東平欵予以文志其顛末乎辭之曰頃當躬詣其所必周覽勝槩盡得之然後秉筆庶幾無滲漏在如斯而可也致寧諾而去余歲以結夏泰安爲例因取道由吾淸亭行不五十里居民指以謂此走

洞虛路也少北而東分叢薄歘仄以上岐而望之北
山巉絕如立屏諸峰迤邐如擁抱前有大嶺橫截如
平雲翳以樹林蓊然如比櫛若無間之入可徘徊紆
返嚮者數四從者曰棊匹來此今薄暮將安所稅駕
至則窅然無所見明旦輒登矚無纖滓方丈瀛洲徒
聞海上閬風玄圃祇在目前信奇觀也若夫洞之名
不一大者以間架計厥其有三稜稱之相鉤連柱礎
之相負戴甚類匠手設繩墨而爲之者也舊有玉皇
殿不知何代所作繪塑猶有存者小者曰懸鐘僅容

三四人傍有玉柱峰高數百尺攀援未半又得若龕若塢者捫之凝滑可愛主者以上聖衆寶之聽渠能不見夫他山之爲物也頑礦殆不可以力穿而穴焉政使强之能深得幾許抑亦勞哉豈若茲山通徹嶆激其與佚池接境誠不遠矣此豈非萬古煙霞之傳舍四時風月之蘧廬者耶其名曰洞虛固宜遂記之

佛公店靈巖下院說

靈巖下院者古炒米店泰山行宮也其宮中住僧代係靈巖寺法眷遊人至止借此息輿馬每以無水爲苦前人卜地鑿井終弗及泉此炒米店所由名也壬申之秋巡撫

佛公視工闕里旋省時問及此方疾苦住僧方侍茶道左卽以無水對復問地名卽以炒米店對公曰何謂也曰無水故耳公曰吾與汝鑿井及泉可易舊名矣遂委邑宰　匡公董其事未竣輒陞川陝總督去佛

公去而桑公來復繼善以成其美冒暑同司道府官
親詣井所令 巴公特選工匠務期及泉以遂佛公
愛民之志答往僧仰望之心善念篤而天意從人力
至而泉源出俾焦土乾谷頓成清涼世界人定勝天
於斯益信矣因謂其井曰佛公井其店曰佛公店庄
遊人借此以息興焉不必無水爲苦即佛公之膏澤
下于民也載之嚴志之後誠欲使海內人知佛公能
創古今所未有而桑公又克成其志也均足傳矣佛
公諱倫桑公諱楷係浙人巴公諱柱朔奉人任

僧諱永泰

遲賢亭與佛公井俱應表載以資遊覽猶屬人踪可到之處至于要緻山雖無精藍錦樹而削峰峭壁洞巘天成蘿戸草庵自成幽折較靈巖風物別是乾坤作志者附載巖志之末不使蹤源勝槩終與外人隔絕而好遊君子可借此以問津也矣

泉城文庫

傳世典籍叢書

尚書大傳
儀禮鄭注句讀（上中下）
漱玉詞 漱玉集
稼軒詞疏證（上中下）
靈岩志（上下）
趵突泉志
齊乘（上下）
濟南金石志（上中下）